Alberto Alessi

Die Traumfabrik

Alessi seit 1921

© 1998 Electa, Mailand
Elemond Editori Associati
Alessi/F.A.O. S.p.a., Crusinallo, Italien
Alle Rechte vorbehalten.

Übersetzung aus dem Italienischen
Petra Arndt für *Scriptum*, Rom

Umschlagabbildung
Matteo Tresoldi

Umschlag
Massimo Caiazzo/Atelier Mendini

Wir danken außerdem
Centro Studi Alessi,
Atelier Mendini,
Studio Franco Sargiani

www.alessi.it

© 1998 für diese Ausgabe
Könemann Verlagsgesellschaft mbH
Bonner Str. 126, D-50968 Köln
Herstellungsleitung: Detlev Schaper
Druck und Bindung: Sing Cheong Printing Co. Ltd.
Printed in Hong Kong/China
ISBN 3-8290-1374-4
10 9 8 7 6 5 4 3 2 1

Inhalt

- **5** Einführung
- **8** Die 20er und 30er Jahre
- **12** Carlo Alessi
- **14** Die 50er und 60er Jahre
- **19** Die 70er Jahre
- **23** Ettore Sottsass
- **30** Richard Sapper
- **36** Achille Castiglioni
- **42** Alessandro Mendini
- **48** Tea & Coffee Piazza
- **52** Aldo Rossi
- **57** Michael Graves
- **63** Die anderen Autoren
- **74** Philippe Starck
- **80** Enzo Mari
- **84** Twergi und Tendentse
- **88** 100% Make Up
- **91** Die Familie King-Kong
- **94** Das CSA und die jungen Autoren
- **105** Stefano Giovannoni
- **109** Guido Venturini
- **112** Neuauflagen historischer Objekte
- **120** Das Alessimuseum
- **125** Bibliographie

Einführung

● Die Familie Alessi ist seit undenklichen Zeiten am Ortasee ansässig. Wir stammen aus Luzzogno, dem ältesten Ort im Stronatal. Der erste Alessi, dem ich auf die Spur gekommen bin, hieß Giovanni und hat im Jahre 1633 in Luzzogno eine gewisse Caterina Gozano geheiratet. Mehr weiß ich nicht über ihn, und auch nicht über die acht Generationen, die zwischen uns liegen. Und trotzdem bin ich davon überzeugt, daß meine Vorfahren zu den vielen Männern des Stronatals gehörten, die ab dem 18. Jahrhundert bis nach Deutschland auswanderten, um dort den Beruf des Zinngießers zu erlernen. Manche sind dort geblieben und haben ihr Glück gemacht, andere sind wiedergekommen und haben die ersten Handwerksstätten gegründet. So beginnt also die Geschichte der metallenen Haushaltsgeräte aus Omegna (und einem Vorort namens Crusinallo), das heute auf diesem

▲ Sechs Mitglieder der Familie Alessi, alle mit einem der berühmtesten "mysteriösen Objekte", der Zitronenpresse *Juicy Salif* von Philippe Starck. In der Mitte, sitzend, Carlo, hinter ihm sein Bruder Ettore, sein Sohn Michele und sein Neffe Stefano; links, sitzend, sein Sohn Alessio und im Vordergrund in der Mitte bin ich.

ALESSI

▲ Der blaue Wasserspiegel des Ortasees von oben aus dem Stronatal gesehen. Rechts die Silhouette von *Anna G.*, dem Korkenzieher von Alessandro Mendini, der über das Werk in Crusinallo wacht.

▲ Im Stronatal, zwischen dem See und den Hängen des Monte Rosa, ist man den Traditionen verbunden: im neuen Museum, dem Forum von Omegna, gibt es eine Sammlung rührender Zeitzeugnisse, die Mühe und auch Poesie widerspiegeln.

Jahrzehnten folgten mehrere Dutzend Handwerker-Unternehmer seinem Beispiel, von denen einige ihre Ausbildung als Arbeiter bei der Fabrik Cane erhalten hatten. In den darauffolgenden 150 Jahren wurde Zinn durch andere Metalle ersetzt: Messing, Neusilber, Aluminium und schließlich durch rostfreien Stahl, der heute immer weiter entwickelt wird;

Produktionszweig als eines der dynamischsten Zentren in Europa gilt. Der erste Industrielle, der im Cusiogebiet Haushaltsgeräte aus Metall herstellte, hieß Baldassarre Cane. Er hatte gegen Mitte des 19. Jahrhunderts den Mut Chesio (ein anderes Dorf im Stronatal) zu verlassen, um auf Höhe des Sees die erste richtige Werkstatt zu gründen, die dann um die Jahrhundertwende ein wichtiger Industriebetrieb werden sollte, der aber heute nicht mehr existiert. In den nächsten dabei änderten sich aber weder Art noch Typologie der Produkte und so wird meine Heimatstadt auch heute noch von einer industriellen Monokultur geprägt. An den Ufern des Sees von San Giulio, neben romanischen Kirchen und barocken Kapellen, entwickelten sich die Haushaltswarenfabriken zu einem Bezugspunkt, der die ganze Gegend unter sozio-kulturellem Gesichtspunkt kennzeichnet. Auch mein Großvater, Giovanni Alessi, war einer jener

EINFÜHRUNG

Handwerker-Unternehmer. In diesem Buch soll erzählt werden, wie aus der alten Produktionsweise, die hart, traditionsgebunden und mitunter wohl auch etwas erdrückend war, unser Unternehmerabenteuer hervorgegangen ist, das hingegen sehr innovativ ist, sehr experimentierfreudig und offen gegenüber einer geradezu paradoxen Tätigkeit, die auf einer poetischen Matrix gründet. Es soll gezeigt werden, wie Alessi sich von der "Werkstatt und Gießerei zur Verarbeitung von Messing- und Neusilberplatten" (so lautet unser Firmenschild auf den ersten Messen in Mailand in den zwanziger Jahren) zu einer der "Fabriken des italienischen Designs" entwickelt hat. Der Übergang von einer metallverarbeitenden Werkstatt zu einem auf dem Gebiet der Gebrauchskunst arbeitenden Laboratorium dauerte, wie wir auf den folgenden Seiten nachlesen können, einige Jahrzehnte. Es war gleichermaßen ein schönes Veränderungsspiel, das in unserer Konsumgesellschaft ein mögliches Modell für die Entwicklung vieler anderer Industriesparten wäre. Auch aus diesem Grund könnte es durchaus nützlich sein, unserer Erzählung zu folgen.

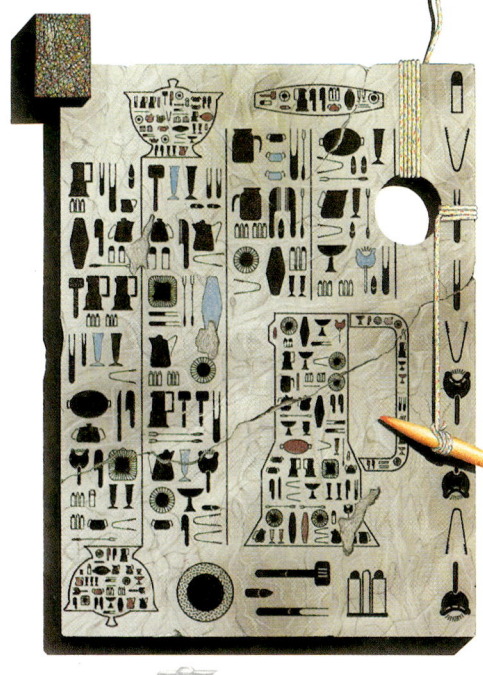

▲ Die *Omegna-Tafel in Ortho-graphischen Schriftzeichen,* 1985 von Luigi Serafini gezeichnet, reproduziert auf ironische, pseudoarchäologische Weise die "Inhalte" der Alessi und ihrer Geschichte.

Die 20er und 30er Jahre

▲ FAO, d.h. Fratelli Alessi Omegna: das erste Markenzeichen zeigte ineinander verschlungene Initialen.

▼ Der Stammvater Giovanni begann als geschickter Hersteller von Messingknäufen.

● Mein Großvater Giovanni war ein geschickter Dreher in der Metallverarbeitung. 1921 erwarb er ein Stück Land in Omegna und gründete die Firma Alessi. Zu Beginn schuf er handwerksmäßig Haus- und Tischgeräte aus Kupfer, Messing und Neusilber, später aber vernickelte, verchromte und versilberte Waren. Aufgrund der sorgfältigen und perfekten Ausführung wurde seine Produktion schnell bekannt.

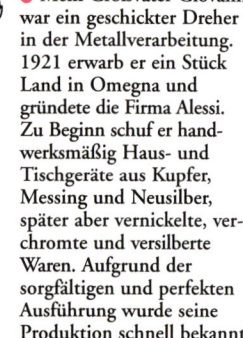

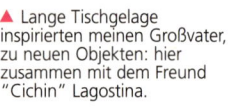

▲ Lange Tischgelage inspirierten meinen Großvater, zu neuen Objekten: hier zusammen mit dem Freund "Cichin" Lagostina.

▶ Diese Druckgraphik der alten Fabrik in Crusinallo hat heute den Charakter eines archäologischen Fundstückes.

DIE 20ER UND 30ER JAHRE

◄ Anfangs ließen sich die Alessi in ihrer Produktion vom Kanon anregen, den die wichtigsten, Haushaltsgeräte herstellenden Unternehmen diktierten, insbesondere die österreichischen und englischen Fabriken. Die Materialien (Messing und Neusilber) waren in den zwanziger Jahren bei Haushaltswaren gebräuchlich.

▲ Zur Gründungszeit der Alessi: die Polierabteilung. Die Produktion erfolgte auf Bestellung, also aus einer Sicht des Handels, die noch die Denkweise des Handwerkers verriet.

▶ Ein interessantes Beispiel einer in Italien zwischen den beiden Kriegen typischen Tischausstattung, die heute ausgestorben ist: der *Flaschenhalter* (1925).

▲ Die Stiche in den ersten Katalogen sind ein Beispiel für den bürgerlichen Geschmack dieser Zeitepoche.

▼ Das *Doppelservice* (Tee- und Kaffeekanne, Zuckerdose und Milchkännchen) galt als das Vorzeigestück der Produktion.

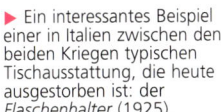

ALESSI

▶ Ab dem Jahr 1924 stellte die Firma Fratelli Alessi Omegna sowohl kleinere Haushaltsgeräte als auch Kaffeekannen und Tabletts her, noch fehlen Töpfe und Bestecke im Repertoire, die technisch komplexere Produktionsverfahren und Materialien erfordern.

▲ Die Bilder auf diesen Seiten zeigen einige der Objekte, die in den ersten Katalogen der Alessi abgebildet waren und die 1979 mit der Spritzpistole von Tiger Tateishi nachgezeichnet worden sind.

DIE 20ER UND 30ER JAHRE

▶ Die Qualität der Haushaltswaren von Giovanni Alessi entwickelt sich dank neuer technischer Prozesse, wie die Verchromung durch Galvanisierungsbad, die Vernickelung und Versilberung. Die Objekte sind vom soliden Sinn für den Alltagsgebrauch geprägt, mit zarten und klassischen Dekorationselementen.

◀ Alessandro Mendini schreibt in *Paesaggio casalingo* (1979), daß sich die Entwicklung bis zu den dreißiger Jahren durch die analytische Zusammenstellung des Sortiments vollzieht. Die Kataloge zeigen eine dichte Aufeinanderfolge von handwerklich hergestelltem Zubehör für Kaffee und Tee, Tisch, Bar und Küche, eine sehr gepflegte und altmodische Essensweise widerspiegelnd. Gegenstände wie diese sind mehr aus soziologischen, als aus ästhetischen Gründen von Bedeutung. Sie gehören nunmehr zur kollektiven Erinnerung und Vergangenheit ganzer Generationen von Italienern.

ALESSI

Carlo Alessi

◀ Das Markenzeichen mit dem Adler ALessi FRAtelli entstand 1947 und löste das Akronym FAO ab, es sollte bis 1967 in Gebrauch bleiben, als dann das Gütesiegel Ceselleria Alessi aufkam.

◀ Unverkennbar die Haushaltsausstattung einer "guten Familie": das *Achteckige Kaffee- und Teeservice* (1935).

● Das, was wir heute unter Design verstehen, tritt mit meinem Vater Carlo in Erscheinung. Nach einer Ausbildung als Industriedesigner fängt er in der Werkstatt an zu arbeiten und widmet sich der Entwurfstätigkeit. Auf ihn geht der größte Teil der Gegenstände zurück, die ab Mitte der dreißiger Jahre bis 1945 in den Katalog aufgenommen wurden, das Jahr seines letzten Entwurfs: das Tee- und Kaffeeservice *Bombé*, Archetyp in der ersten Phase des italienischen Designs. In den fünfziger Jahren löste er den Großvater ab, wurde Generaldirektor und verließ die Entwurfsabteilung gänzlich (ich habe nie genau verstanden warum...).

CARLO ALESSI

▲ In den fünfziger Jahren hat mein Vater (hier mit Leo Oggioni, unserem ersten Agenten für Italien) die Alessi von einer noch handwerklich orientierten Dimension zur wahren Industrie umgeformt, mit einer Ausweitung des Exports in mehr als sechzig Länder.

Bedingt durch die Marktblockade und die schlechte Qualität der Rohstoffe, produzierte Alessi während des Krieges Sterne für Uniformen und Motorenbauteile für Flugzeuge der Savoia Marchetti. Gegen Kriegsende gab es eine enorme Nachfrage nach Suppenkellen seitens der amerikanischen Armee: mein Vater verdoppelte die Maschinenanzahl und stürzte sich in die Großproduktion. Er hatte geahnt, daß der rostfreie Stahl den Platz der chromierten Metalle und Silberlegierungen erobern sollte.

◀ Der *Ölbehälter* und die *Käsedose* von oben gesehen, zwei Prototypen aus dem Jahr 1949, erste Experimente mit einer neuen Legierung, die eine große Zukunft haben sollte: dem rostfreien Stahl.

ALESSI

Die 50er und 60er Jahre

▼ Der Siegeslauf der Herstellung für den Hotelbedarf geht unter der technischen Leitung von Ettore Alessi weiter: die Form der Henkel und Tüllen ist nun etwas länger und entschlossener, fast als solle die Eigentümlichkeit dieser zwar praktischen aber keineswegs anonymen Objekte widergespiegelt werden.

● Mein Onkel Ettore arbeitet seit 1945 mit meinem um elf Jahre älteren Vater zusammen. Obwohl Ettore nicht mehr in der Unternehmensleitung arbeitet, gilt er immer noch als Spezialist in der Technik des Kaltgusses von Metallen: ich nenne ihn – und das ist lieb gemeint – unseren "technischen Megadirektor". 1955 hat er, als Leiter der technischen Abteilung, die Zusammenarbeit der Alessi mit externen Designern eingeführt, und so, zusammen mit den Architekten Carlo Mazzeri, Luigi Massoni und Anselmo Vitale, eine ganze Reihe von Gegenständen für den Hotelbedarf geschaffen, von denen viele heute noch im Katalog angeführt sind.

▲ Der *Obstkorb* in Drahtdesign (1952), eine wahrhaft "industrielle Gestaltung", unser Symbol in den fünfziger Jahren.

DIE 50ER UND 60ER JAHRE

▲ Das Set für den Gaststättenbetrieb, ganz im Stil der Kaffeekanne *101* angelegt, wird seit 1956 produziert und ist das professionellste und meistverkaufte in der Geschichte des Unternehmens.

▲ Die Einführung der Verarbeitung von rostfreiem Stahl bringt einige strukturelle und technische Veränderungen für die Firma mit sich.

▼ Durch Ettore Alessi gewinnt die technische Abteilung in ihrer Entwurfstätigkeit an Individualität, und so entstehen einige Produkte, die zu Bestsellern werden, wie die historische Serie der *Drahtkörbe*. Unter seiner Leitung vollzieht sich auch eine radikale Veränderung im Gebrauch der Materialien: Messing und Neusilber gehen zugunsten des neuen Königs der Haushaltswaren zurück, dem rostfreien Stahl, der versuchsweise schon gegen Ende der dreißiger Jahre von Carlo bei Alessi eingeführt wurde.

ALESSI

▲ Der Begriff Entwurf beinhaltet die Auseinandersetzung zwischen künstlerischer Freiheit des Architekten und industriellen Anforderungen. Dabei ist es unvermeidbar, daß einige Vorschläge auf dem Papier bleiben, wie diese doppelstöckige *Saucière* von Joe Colombo und Ambrogio Pozzi.

▼ Die Objekte von Massoni und Mazzeri gehören zum *Programm 4,* einem kulturellen Wendepunkt, der Begriffe wie "Autor", "Entwurf" und "Design" in die Landschaft der Haushaltswaren eingeführt hat.

DIE 50ER UND 60ER JAHRE

▶ Im Rahmen einer Debatte über die Entwicklung des Industriedesigns wurden 1957 der *Shaker*, der *Eiskübel* und die *Eiszange* aus dem *Programm 4* für die XI. Triennale in Mailand auserwählt. Zum ersten Mal werden Produkte der Alessi auf einer Ausstellung zur industriellen "Autorenproduktion" gezeigt.

ALESSI

▼ In dieser "vorachtundsechziger" Werbung ist der Eiffelturm Träger einer naiven, aber doch sehr klaren Botschaft: Internationalität und Klasse. Auf dem Tischchen einer Terrasse glänzt Alessis Edelstahl im unbeabsichtigten aber doch wirkungsvollen Zwiegespräch mit dem Symbol für den modernen Umgang mit Metallen.

Die 70er Jahre

● Meine Karriere bei Alessi hat im Juli 1970 begonnen, am Tag nach meinem Juraexamen. Mein Vater erlaubte mir die Ausarbeitung neuer Projekte, und somit stieg ich auch ganz groß ein. Unter dem utopischen Einfluß der "Vervielfältigung der Kunst" entwickelte ich eine Art kulturtheoretisches Programm, das eine neuartige Handelsgesellschaft verfochte, die es den Massen der Konsumenten ermöglichen sollte, wirklich künstlerische Gegenstände zu bezahlbaren Preisen zu erwerben.

▲ Die Autoren der *Multiples* waren die italienischen Bildhauer Giò Pomodoro, Carmelo Cappello, Pietro Consagra und Andrea Cascella sowie der Jugoslawe Dusan Dzamonja. Es war ein ganz verrücktes Vorhaben, das unsere Mechanikabteilung ungefähr drei Jahre lang stillgelegt hat. Angesichts des Prototypen von Salvador Dalí beschloß mein Vater, dem Abenteuer ein Ende zu setzen, doch ich hatte bereits 50.000 Stahlhaken gekauft, die zur Herstellung der ersten 1.000 *Multiples* nötig waren...

ALESSI

◀ Franco Sargiani und Eija Helander sind die ersten Designer, die ich zur Alessi gebracht habe: mit dem extravertierten und begeisterungsfähigen Franco gab es ein großes Einverständnis. Die komplexe Entwicklung des *Programm 8* dauerte fünf Jahre, auch bedingt durch die Radikalität Francos. Die Grundidee: alle Objekte sollten aus Formen mit quadratischer oder rechteckiger Grundbasis zusammensetzbar sein, deren Herstellung aus Stahl sehr schwer ist. Es war auch international eine wahre Neuheit, für die es eine großangelegte Werbekampagne gab.

▶ Ich halte das Haus in Suna meines Bruders Michele für einen der besten Entwürfe, die Franco für uns gemacht hat (1981).

DIE 70ER JAHRE

▼ Die Zusammenarbeit zwischen Sargiani und Helander dehnte sich auch auf die graphische Abteilung und den Entwurf von Ständen aus, sogar auf die Gestaltung eines Teils der Büros in Crusinallo. Die Rationalisierung einiger wichtiger Aspekte im Firmenleben bedeutete viel Arbeit. Das neue Logo "Alessi" wurde ab 1971 benutzt.

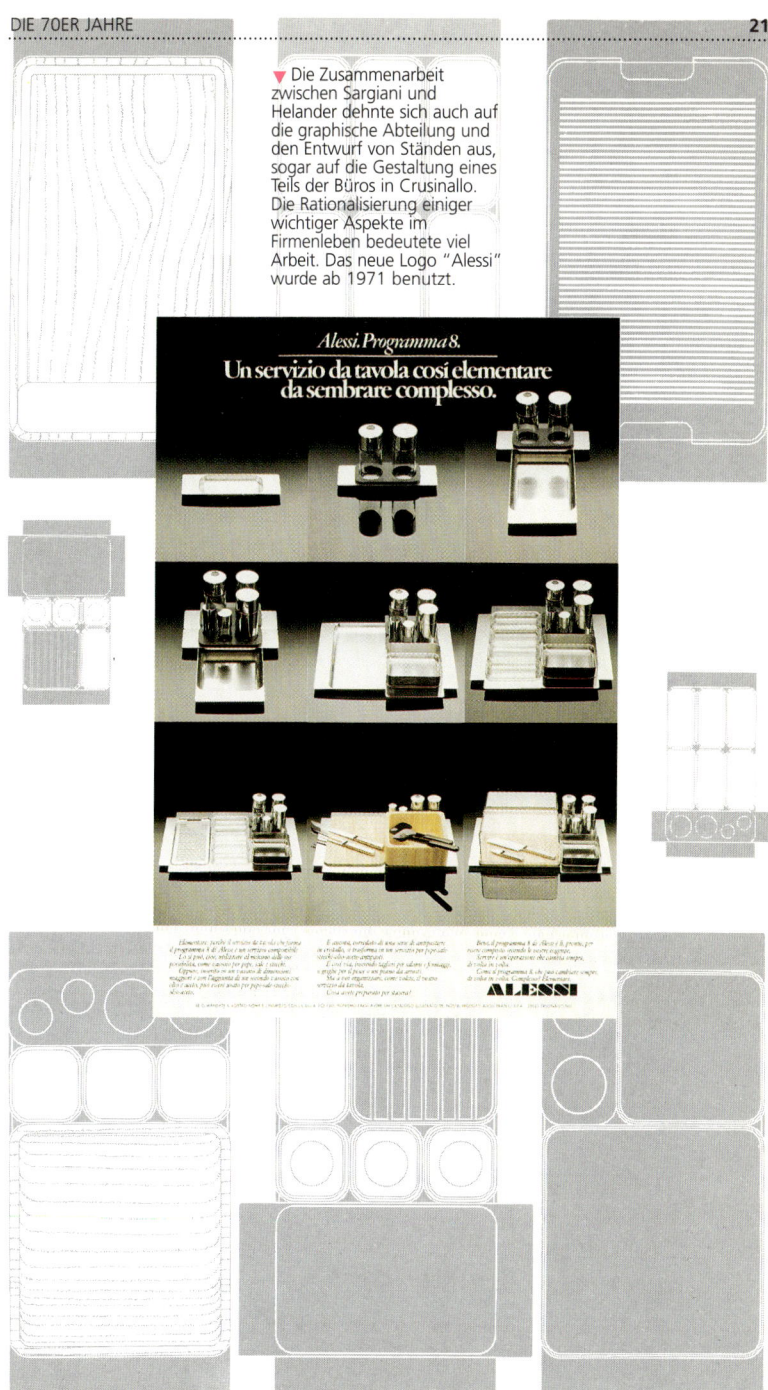

ALESSI

▲ 1972 ging Sargiani auf meine Bitte ein, mir für das *Programm 7* ein paar gute Designer vorzustellen. Die ersten Beziehungen entwickelten sich zur Mailänder Gruppe Exhibition design. Unter der Leitung von Silvio Coppola (oben auf dem Photo) arbeiteten Pino Tovaglia, Franco Grignani, Giulio Confalonieri und Bruno Munari für uns, deren Entwürfe leider nie verwirklicht wurden. Heute verstehe ich, daß diese Objekte noch zum "Bel design italiano" der sechziger Jahre gehörten.

◀ Emblem der Serie war die Platte *Tiffany* (1974–1997): 10.000 Stücke pro Größeneinheit wurden jährlich produziert und erbrachten einen Umsatz, der den unausstehlichen Coppola hochmütig machte. Solche Verkaufserfolge waren von großer Wichtigkeit: damit hatte ich bewiesen, daß Design sich auch gut verkaufen ließ!

Ettore Sottsass

" *Ich denke, daß es sehr schwierig ist, eine 'schöne Tischausstattung' zu entwerfen: es hängt nicht allein vom Werkzeug ab, das man benutzt, sondern auch von einer dünnen, zerbrechlichen und unsicheren Weisheit, mit der manchmal irgendwie – und wer weiß warum – es schafft, im Entwurf eines Geschehnisses die gänzliche Wahrnehmung für unser kosmisches Abenteuer mit einfließen zu lassen: provisorisch, schwebend und auf so unverständliche Weise, wie es sein muß.* "

● Ettore Sottsass kam 1972 nach Crusinallo. Ich traf ihn zusammen mit meinem Onkel Ettore und er beeindruckte mich sehr. Er war die erste international bekannte Persönlichkeit, mit der ich zu tun hatte, und seiner Ankunft bei Alessi ging die gute Kritik über seine Arbeit für Olivetti voraus, abgesehen von seinem Ruf, ein Guru des radikalen Designs zu sein. Er ist eine Art faszinierender Philosoph, der über jedes Thema sehr interessante Sachen zu sagen hat. Mit ihm habe ich begonnen, über "höhere" Themenbereiche des Designs und die Rolle von Industrie in der Gesellschaft zu sprechen. Auch wenn wir uns aufgrund meiner Zurückhaltung nur hin und wieder sehen, war er der erste Mensch in meinem Arbeitsleben, der mir zum Lehrmeister geworden ist.

ALESSI

◄ Eine ganz besondere Serie besteht aus professionellen Gegenständen für Bar und für Weinservierung. Sie wurde 1979 von Sottsass unter Beratung von Alberto Gozzi entworfen, in Erinnerung an die perfekten Cocktails, die David Niven mit sicherer Hand in den Komödien der siebziger Jahre zubereitete.

▼ Die Serie hat ihren Namen von einem amerikanischen Shaker (*Boston*) und umfaßt den *Weinkühler* in zwei Versionen (Bordolaiser und Magnumflaschen), auf Wunsch mit dem dazu gehörigen *Ständer*, dem *Barsieb*, der *Eiszange* und dem *Barquirl*.

ETTORE SOTTSASS

▶ Die Hommage an Gauguin besagt, daß die *Feuerfeste Schale* von Sottsass (1994) mittlerweile ein Klassiker ist: technische und stilistische Details verbinden sie mit der berühmten Menage *5070*.

▼ Sottsass gehört zu den Designern, die auch mit Holz arbeiten, wie in der Linie *Twergi* (Ende der achtziger Jahre).

▼ Das rechteckige *Tablett*, oder besser das "Handschuhkästchen" ist eine kleine Herausforderung Sottsass an die Alessi, angesichts des Schwierigkeitsgrades der Bearbeitung von Inoxstahl bei eckigen Formen (1982).

Design Ettore Sottsass, 1994

ALESSI

◀ Sottsass erste Objekte für Alessi waren rundliche Tabletts, mit großen Rändern: wir beschlossen sehr bald, daß dies nicht paßte und baten ihn, sich an den Entwurf von Ölbehältern heranzuwagen. Zusammen mit Ulla Salovaara zeichnete er die Menage 5070 (1978), eine unserer besten Entwürfe in den letzten zwanzig Jahren und sicher eines unserer Objekte, die dem "industriellen Mustertypus" am nächsten kommen. Trotz des relativ hohen Preises ist diese kleine Tafelmoschee aus Stahl die meistverkaufte Menage.

▲ 1993 erblickte das Porzellanservice *La Bella Tavola* das Licht der Welt, von Ettore Sottsass entworfen, erhältlich in puren, weißen Linien oder in der Variante mit schmaler, klassischer Borte aus sich überkreuzendem Fadenmuster. Angeregt von der Idee und von den großen frei bleibenden Flächen im Ornamentrand entwarf Alighiero Boetti, einer der originellsten zeitgenössischen Künstler in Italien, seinerseits ein reichhaltiges Dekor, unverwechselbar durch die Vielfalt der Formen und Farben.

ALESSI

▲ Ettore Sottsass ist der Designer, dessen Entwürfe in unserem Katalog am meisten vertreten sind. Sein Wunsch ist es, im Laufe der Zeit für Alessi eine komplette Gegenstandsfamilie für Tisch und Küche zusammenzustellen, mit klarem Hinweis auf Josef Hoffmann und die Wiener Werkstätte.

▶ Sottsass ist auch Autor des Ausstellungsraumes der Alessi in Mailand (1987).

▲ Die Serie der Kristallgläser *Ginevra* ist dem edlen Genuß des "guten" Trinkens gewidmet. Nebst Gläsern und Kelchgläsern in verschiedenen Größen gibt es eine Dekantier-Flasche, ein Instrument für den Kenner.

▼ Unter Beratung von Alberto Gozzi entstand 1987 die nunmehr klassisch gewordene Besteckgarnitur *Nuovo Milano*, bestätigt durch die Anerkennung des XVI. Compasso d'oro.

▲ Sottsass Ziel ist im Begriff sich zu verwirklichen: ein ganzes Tischgedeck zu entwerfen, *ein äußerst anmutiger Beweis von Bewußtsein, Respekt und Sorgfalt gegenüber dem "basic-artigen" Erlebnis der Nahrungsaufnahme.*

ALESSI

Richard Sapper

" Nein, die Japaner beunruhigen uns nicht, sie besitzen keine Garagen... "

● Am Faschingsdienstag von 1977 kam Richard zum ersten Mal nach Crusinallo. Er war mir von Ettore Sottsass folgendermaßen empfohlen worden: *Das ist der von der* Tizio *Lampe, einer, der noch keinen einzigen falschen Entwurf gemacht hat.* Mein Vater, Onkel Ettore und ich empfingen ihn. Er war ganz schwarz gekleidet und trug einen lustigen Hut, wie ein Pfeifenbläser. Sapper arbeitet gewöhnlich nur an wenigen Projekten gleichzeitig. Es ist schwer ihn dazu zu bringen, kurze Berichte über den Arbeitsverlauf abzuliefern. Besser ist es, ihm freie Hand zu lassen, und ihm alle fünf Jahre ein neues Projekt anzuvertrauen.

▲ Sapper hat für uns einige Objekte entworfen, die nicht nur in die Geschichte des Designs eingegangen sind, sondern auch in die Geschichte der Alessi, wie z.B. die Espressomaschine *9090* (auf der nächsten Seite, oben). Sie ist 1979 entstanden und ist das erste Küchengerät der Alessi.

RICHARD SAPPER

◀ Die beiden Wahrzeichen von Sappers Arbeit für die Alessi sind die Espressomaschine *9090* (die erste in Crusinallo produzierte, gekrönt mit dem XI. Compasso d'oro und im New Yorker Moma ausgestellt) sowie der große *Wasserkessel mit melodischer Flöte*, in Anlehnung an die Geräusche der Boote und Frachtkähne auf dem Rhein, der erste "Autorenwasserkessel" (1982).

◀ Kennzeichnend für den *Wasserkessel* sind zwei Stimmpfeifen in "e" und "h", die in der Messingpfeife stecken. Die kleinen Geräte, die normalerweise zum Stimmen von Musikinstrumenten benutzt werden, würden für uns exklusiv von einem Handwerker aus dem Schwarzwald produziert.

ALESSI

● Alberto Gozzi, erfahrener Gourmet und Dozent bei Perfektionierungskursen für Lehrer der Hotelfachschulen, hat an vielen Projekten der Alessi als gastronomischer Berater mitgearbeitet. Vor einigen Jahren hat ihn uns der Staatspräsident "entführt", und ihn nach Rom gebracht, um die Koordination des Restaurantbetriebs im Quirinalspalast zu leiten. Eine würdige Apotheose seiner Karriere.

◀ Die Arbeit mit Sapper bedeutete für unsere Techniker wahrhaft ein Kreuz, denn sie waren ständig darauf bedacht, Auseinandersetzungen zu vermeiden. Der Tradition der Ulmer Schule folgend ("der Designer muß *per definitionem* die Technik, mit der er arbeitet, gut kennen") betrachtete Sapper sich als Experte eines jeglichen Konstruktionsvorhabens: wegen unzähliger, komplizierter Details, führte er lange, erbitterte Diskussionen mit den Technikern. Die Ergebnisse sind jedoch hervorragend, wie die "automatische" Teekanne *Bandung* (1995, oben) und sein letzter Entwurf, die elektrische Espressomaschine *Cobán*, deren erster Prototyp in mir die gleichen Gefühle erregt hat, wie das Modell *9090* sechzehn Jahre zuvor.

▶ 1982 entwarf Sapper unter der Beratung von Gozzi ein Set, das den Bedürfnissen der großen Restaurationsbetriebe entgegenkommt: günstig im Preis-Leistungs-Verhältnis, bestehend aus handlichen, stapelbaren Teilen und mit einem Zusatzeffekt: der Hauptbehälter kann sowohl an eine Tee- als auch an eine Espressomaschine angepaßt werden. Das Projekt war zahlenmäßig nicht so erfolgreich wie erhofft, doch es verriet den Leitfaden Sappers Schöpfungen: Erneuerung aus der Tradition heraus.

◀ **Roger Vergé**

Zwischen Innovation und Tradition entstand der große *Fischtopf mit Rost* (60 cm Länge), in einer neuen elliptischen Form, die es erlaubt, Fische verschiedener Größen oder auch gefüllte Schweinsfüße darin zuzubereiten.

● Sapper ist auch der Autor des komplexesten Projekts, an dem ich je gearbeitet habe: die Serie der Kochgeräte, *La cintura di Orione,* mit der grundlegenden Hilfe Alberto Gozzis realisiert und nach den Ratschlägen einiger berühmter französischer und italienischer Küchenchefs entworfen. Die Vorbereitungen begannen im Jahre 1979; die Untersuchungsergebnisse sind in einem Band gesammelt. Diese Serie ist einem bisher von der industriellen Produktion vernachlässigtem Publikum gewidmet: den "privaten Gourmets", den Liebhabern einer intelligenten und kreativen Küche.

◀ **Thuilier & Charial**

Der Patriarch der französischen Küche hat am Entwurf der *Ovalen Cocotte* mitgearbeitet. Der gußeiserne Behälter eignet sich bestens für die langen Kochzeiten von Schmorbraten. Das stabile Material und der schwere Deckel halten Dämpfe und Aroma der Speisen zurück.

ALESSI

▶ Pierre und Michel Troisgros

Diese Küchenchefs der Nouvelle Cuisine haben an den *Pfannen aus schwarzem Eisen* mitgearbeitet (ihre Biegung, wurde extra ausgerechnet, um den akrobatischen Salto des Omeletts zu erleichtern) sowie an den *Stielkasserollen* und an der zauberhaften *Cassolette* für eine Portion.

▼ Gualtiero Marchesi

Der kreativste italienische Küchenchef hat an den klassischen Arbeitswerkzeugen mitgearbeitet, wie am *Topf* und den beiden *Kasserollen* aus Kupfer und Stahl.

◀ Angelo Paracucchi

Ein großer Meister der Mittelmeerküche hat zusammen mit Sapper die *Flambierpfanne* mit dazugehörigem *Rechaud* hervorgebracht. Gegenstände, die zur raffinierten Tradition des *flambé* gehören, die aber nun den Touch der Belle Epoque ablegen, um ein zeitgenössisches Aussehen anzunehmen.

▶ Alain Chapel

Der zweifelsohne international anerkannte Meister in der Saucenzubereitung hat an der kegelstumpfen *Sauteuse* aus Kupfer und Edelstahl mit ausgeweitetem Rand mitgearbeitet.

ALESSI

Achille Castiglioni

" Natürlich ist Alessis Verständnis von Design so weit gefaßt, daß mein persönlicher Begriff von Design seine richtige Einordnung und seinen Platz finden konnte, und in diesem Raum fühle ich mich sehr wohl ... "

● Ich erinnere mich noch gut an meine erste Zusammenkunft mit Castiglioni, ein wahrer Mythos des italienischen Designs. Wir trafen uns in seinem Atelier an der Piazza Castello in Mailand: innerhalb kurzer Zeit fanden wir ein mögliches Projekt in der Besteckgarnitur *Dry*. Ich halte Castiglioni für einen großen Meister, er interessiert sich für alles, besitzt die Gabe der Ironie, ist aber gleichzeitig bescheiden und dabei imstande, Meisterwerke zu schaffen. Auf seine Mailänder Art ist er sehr realistisch und weiß sich gut aufs Publikum einzustellen. Am besten gewinnt man ihn zur Zusammenarbeit, wenn man ihm einen Vorschlag macht, der ihn amüsiert. Die besten Ideen sind uns spät abends bei einem Glas Whisky gekommen.

▶ Die drei Brüder Castiglioni in Sportausführung auf einer Karikaturzeichnung der dreißiger Jahre.

▼ Das *Obstschale-Sieb* (1995) entspricht zwei für Castiglioni wichtigen Erfordernissen: kleine Probleme, die sich "bei Tisch" ergeben, werden auf praktische Weise durch eine intelligente, funktionelle Innovation gelöst. Gleichzeitig kommt man der Vorliebe der Kunden für auf Hochglanz poliertes Metall entgegen. Im Mailänder Dialekt heißt es: *Cinc ghèi pussée, ma luster*, fünf Lire mehr, aber dafür glänzend.

◀ Der Gelegenheitsraucher Castiglioni hat eine geniale Lösung für den sonst so problematischen *Aschenbecher*, Freud und Leid der meisten Designer, gefunden: eine Spirale (zur Reinigung leicht abnehmbar) fungiert als Zigarettenhalter (1970).

ALESSI

▲ Mehr als dreißig Jahre liegen zwischen den beiden Projekten auf dem Photo, und beide gingen 1996 in Produktion: die Obstschale *Ondula* und die Wanduhr *Firenze*, entworfen zusammen mit seinem Bruder Pier Giacomo aus Anlaß der Florentiner Ausstellung "La casa abitata", die 1965 im Palazzo Strozzi stattfand.

▲ Die *Armbanduhr*, deren Zifferblatt unter der graphischen Beratung von Max Huber entstanden ist, wurde von 1988 bis 1993 produziert.

▶ Das *Zusammenklappbare Tablett* mit den einziehbaren Seitenteilen ist einer der nicht realisierten Entwürfe (1982).

ACHILLE CASTIGLIONI 39

◀ Die Gläser sind ein weiteres Gemeinschaftsprojekt mit Pier Giacomo: Achille hat den Originalentwurf (1960) zusammen mit dem bekannten Enologen Luigi Veronelli, der auch für den Namen *Orseggi* verantwortlich ist, überarbeitet.

▶ Die *Essig-* und *Ölbehälter* wurden 1980 entworfen. Ihr Deckel wird von einem Gewicht zugehalten. Sie stellen die "klassische" Quintessenz von Castiglionis Grundgedanken dar.

▲ Das Porzellanservice *Bavero* aus dem Jahre 1997, hier direkt auf seinem Arbeitstisch aufgebaut, ist ein weiteres schönes Beispiel für Castiglionis Arbeitsweise: alles beruht auf einer ganz einfachen (aber gleichermaßen wichtigen und mutigen!) Grundidee, nämlich die Tellerränder nach unten zu biegen.

ALESSI

▲ Die Besteckgarnitur *Grand Prix* hat den ersten Preis in einer 1960 von Gio Ponti für Reed & Barton organisierten Ausschreibung gewonnen, obwohl sie, wegen der extremen Schwierigkeiten in der Herstellung, noch nicht produziert worden war. Sie ist seit 1997 im Katalog.

▼ Mit *Dry* sind wir in die Besteckproduktion eingestiegen (1982).

ACHILLE CASTIGLIONI

▶ *Menorah*, dieser siebenarmige Kerzenleuchter greift das Thema des *ready made* wieder auf. Der untere Teil besteht aus einem Gummimaterial, eigentlich Überzug für den Lenker eines japanischen Mofamodells. Er wurde in drei Exemplaren für die Forschungseinrichtung "Nerot Mitzvah, Contemporary Ideas for Light in the Jewish Ritual" produziert, angeregt von einem gemeinsamen Freund, Izzika Gaon vom Israel Museum in Jerusalem.

◀ Castiglionis praktischer Verstand und die große Aufmerksamkeit für alltägliche Launen zeigen sich beim *Mayonnaise Löffel*, der dazu dienen soll, Reste aus einem Glas zu holen. Ursprünglich ist dieser Löffel zusammen mit Pier Giacomo als Promotionsobjekt für die Firma Kraft entworfen worden und ist 1997 bei uns in Produktion gegangen.

ALESSI

Alessandro Mendini

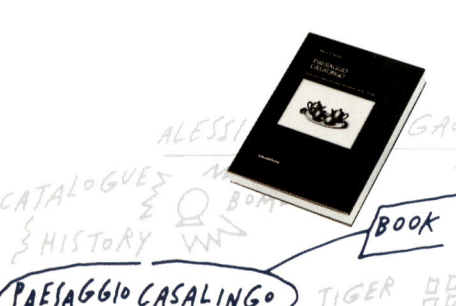

> *Das Entwurfsleben für einen Fluß von Produkten, muß sich, um organisch und gerechtfertigt zu sein, innerhalb des 'kritischen Bewußtseins' der eigenen Geschichte abspielen, was Bedingung für Diagnose und Hypothese einer Entwicklung ist.*

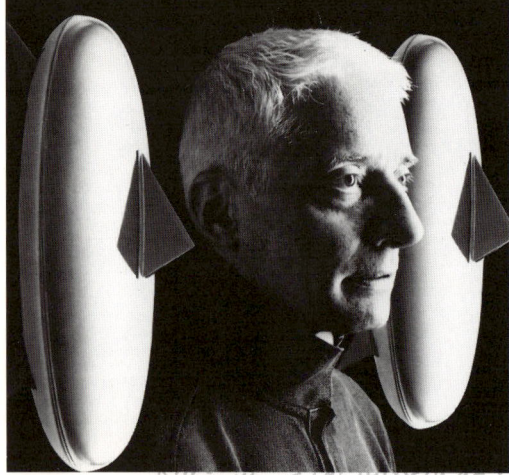

● Es fällt mir nicht leicht, die Beziehung zwischen Alessandro Mendini und mir/der Alessi zu beschreiben. Ich kann nur sagen, daß er für mich, auf eine fast sokratische Weise, ein Meister der Praktik ist und daß er mich langsam in alle Geheimnisse unseres faszinierenden Berufs eingeführt hat. Wenn ich gefragt werde, was Mendini für uns macht, welche Rolle er spielt, muß ich unweigerlich lächeln: Alessandro ist ein Berater ganz besonderer Art und seine Position kann auch nicht außerhalb dieses Zusammenhangs beschrieben werden. Es ist

ALESSANDRO MENDINI

eine Beziehung, die an jene von Peter Behrens mit der AEG in Rathenau erinnert. Die ersten Kontakte zu Mendini gehen auf das Jahr 1977 zurück, als unter seiner Leitung eine sehr lebendige Zeitschrift für Design und Architektur gegründet wurde: *Modo*.

▲ Mendini habe ich auch den Entwurf für mein Haus zu verdanken, das "Haus des Glücks"; außer der Grundrißzeichnung (oben) hat er auch die Koordination der Eingriffe von verschiedenen beteiligten Architekten übernommen.

▲ Kennzeichnend für Mendinis Arbeiten sind die ausführlichen *mappe*, in denen Personen, Objekte, Dinge und Räume miteinander verknüpft und in Beziehung gesetzt werden, wie in einer topographischen Abfolge, in der jeder Schritt den Sinn des Wegs erkennen läßt.

ALESSI

▶ Mendini weiß über unsere geheimen Probleme und Wünsche Bescheid. Und das auf eine angenehme, wenig komplizierte Art, fast sogar ohne die Notwendigkeit, uns immer zu sehen, denn im Laufe der Jahre haben wir einen Arbeitsstil entwickelt, den man geradezu als telepathisch bezeichnen könnte...

▶ 1986 sind die Porzellanteller in Produktion gegangen, die Mendini zusammen mit Annalisa Margarini entworfen hat. Aus Alessandros Hand stammt das Grundservice in weiß, die Version *How many stars*, mit den zierlichen Goldornamenten, während die polychromen Dreiecke des lebhaften Dekors *How many colours* von Nicola De Maria sind.

ALESSANDRO MENDINI

Als Autor von *Paesaggio casalingo* und anderer Bücher ist Mendini der offizielle Geschichtsschreiber der Alessi. Als Designer entwirft er weiterhin Objekte, sehr oft in den schwierigsten, aufregendsten Bereichen unseres Angebots. Als Architekt hat er mein "Haus des Glücks" entworfen, zwei Anbauten der Fabrik in Crusinallo, das Alessimuseum und verschiedene Ausstellungen. Als Designmanager ist er für die Einführung und Koordination einiger legendär gewordener Unternehmungen verantwortlich, die hier zum Teil illustriert werden. Als Berater hat er mir eine ganze Reihe von Entwerfern empfohlen, die mit uns zusammen gearbeitet haben.

▼ Mit der Serie kleiner Elektrohaushaltsgeräte für die Küche hat Mendini eine intensive Zusammenarbeit zwischen der Alessi und Philips ermöglicht, die uns den Horizont für weitere internationale Partnerschaften eröffnet hat.

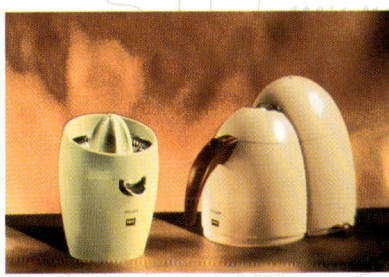

▶ Ich bin ganz besonders stolz auf den Korkenzieher *Anna G.* (1994). Er ist sofort die Nummer Eins unserer Bestseller geworden, um damit dem Gerede entgegenzutreten (das schlauerweise von eben jenem Autor in Gang gebracht wurde), daß Mendini nur Sachen entwirft, die sich nicht verkaufen lassen! Nach diesem Erfolg ist unweigerlich eine kleine Familie entstanden.

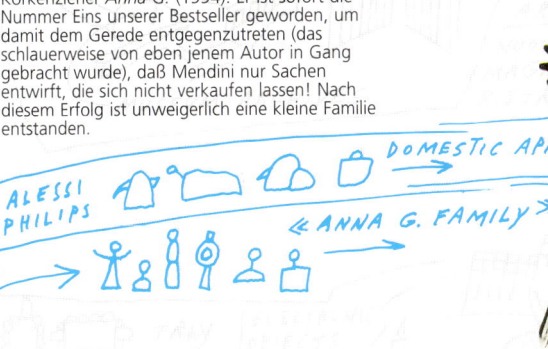

ALESSI

▲ Der Sitz der Alessi in Crusinallo trägt Mendinis Handschrift: hier die Entwürfe für die Anbauten und die polychrome Treppe, die von der Rezeption zum Ausstellungsraum führt (1995).

◀ Der Eingang zum Stand der Alessi, den Mendini für die Macef (1989) realisiert hat, die wichtige Haushaltswarenschau die auf der Mailänder Messe stattfindet.

ALESSANDRO MENDINI

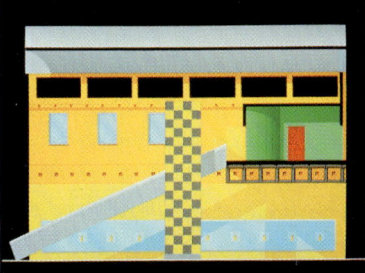

▲ Links oben Mendinis Entwurf für das Forum von Omegna, das neue Brauchtumsmuseum der Region (1998).

▲ Hier oben der Versammlungssaal der Alessifiliale in Hamburg: eine beruhigende Umgebung mit den Vasen aus der Serie *100% Make Up* (1996).

▲ Innenansicht des ersten Stands der Macef mit der charakteristischen, drehbaren Ausstellungsfläche.

▼ Der originelle Stand der Alessi auf der Frankfurter Messe.

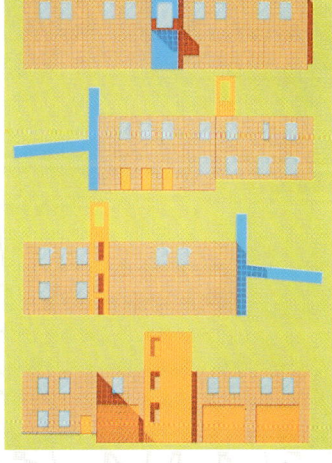

▲ Entwürfe von Mendini für den Sitz des Freiwilligen Rettungsdienstes in Omegna (der jedoch auf dem Gebiet von Crusinallo liegt...), 1998.

ALESSI

Tea & Coffee Piazza

▲ Robert Venturis Objekte, mit ihrem charakteristischen, zierlichen Dekor, stehen auf einem Tablett, das den Kapitolsplatz reproduziert.

● 1979 entsprang aus der vulkanischen Aktivität Alessandro Mendinis eine Idee: "reinen" Architekten eine klassische Designaufgabe anzuvertrauen, das Tee- und Kaffeeservice. Jedes Exemplar wurde 99 Mal produziert und die elf Silberservices (*Programm 6*) erschienen mit dem Stempel der Officina Alessi und dem Monogramm der Autoren. 1983 wurden sie dem Publikum bei einer Ausstellung vorgestellt, die Hans Hollein in der Kirche von San Carpoforo in Mailand ausgestattet hat.

▲ Japanische Strenge in den Arbeiten von Kazumasa Yamashita: die Henkel der Gefäße sind die Initialen des jeweiligen Inhalts.

◀ Auf eklektische Weise postmodern ist Charles Jencks Entwurf: die Säulenkapitelle sind zwischen Überraschungseffekt und Parodie angesiedelt.

TEA & COFFEE PIAZZA

▶ Mit diesem Entwurf bezeugt Aldo Rossi sein designerisches Talent: das Tablett verwandelt sich in ein Haushaltstabernakel im Dienst des gastlichen Kaffeeritus.

▼ Mit Sechsecken und Pyramiden modelliert Paolo Portoghesi die häusliche Zitadelle der kleinen Freuden, bei der er auch einen kleinen Aschenbecher vorgesehen hat.

▼ Im Entwurf von Alessandro Mendini ist alles abgerundet; es sieht so aus, als verleihe er dem unsterblichen *Bombé* Flügel: die Objekte scheinen sich von ihren zierlichen Füßchen aufzuheben.

ALESSI

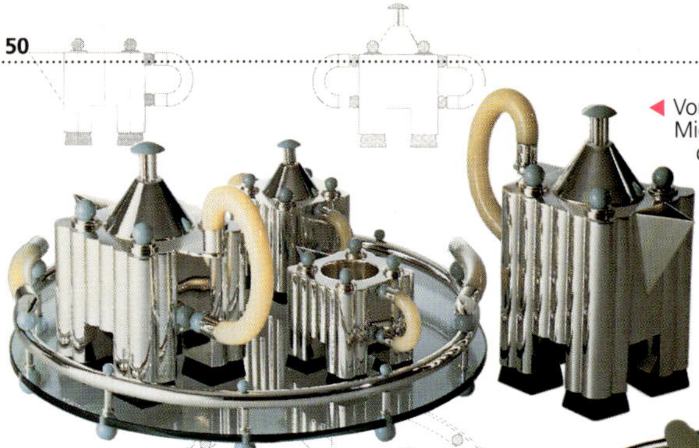

◀ Von oben gesehen erinnern Michael Graves Objekte an den Umriß von Keksen, wobei die erlesenen Materialien ihren gastfreundlichen Anblick unterstreichen.

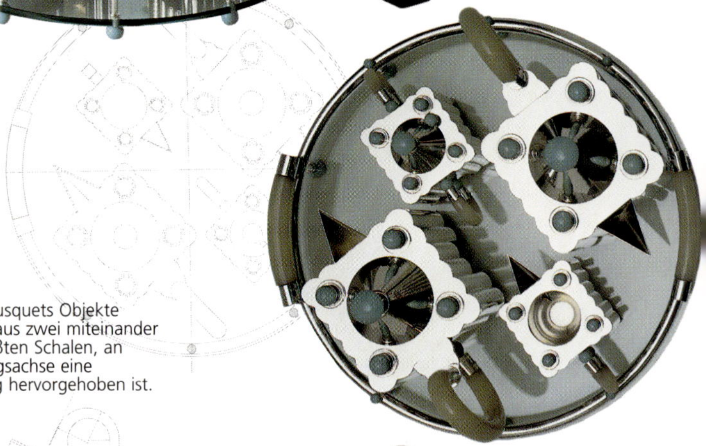

▼ Oscar Tusquets Objekte bestehen aus zwei miteinander verschweißten Schalen, an deren Längsachse eine Vernietung hervorgehoben ist.

▼ Hans Hollein stellt seine Objekte auf die Seite eines Tabletts, das an die Brücke eines Flugzeugträgers erinnert; Hollein hat auch die "Mauer" zur Ausstellung der elf Services entworfen.

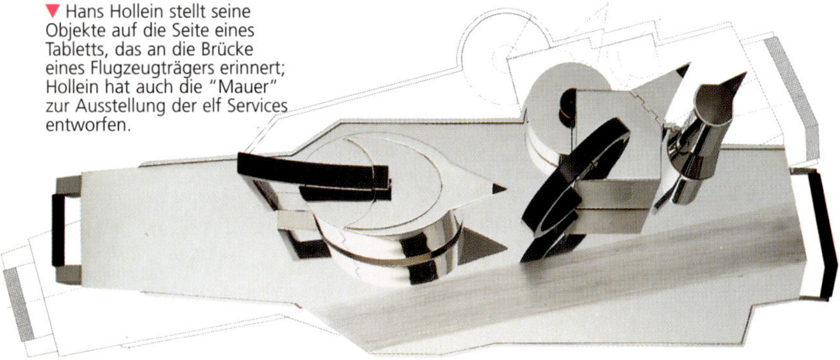

TEA & COFFEE PIAZZA

▼ Beunruhigende Händchen lugen unter dem Tablett von Stanley Tigerman hervor, während die Tüllen in Form von einladenden, halb geöffneten Lippen modelliert sind (ein Detail, dessen technischer Aufwand etwas gewagt war).

Die Serie *Tea & Coffee Piazza* greift zwei wichtige Themen auf: den Begriff des *Multiple* und die Miteinbeziehung international bekannter Architekten in die Erforschung des Designs. Mendini, der das Ende des "Bel design italiano" voraussah, hat dies lebhaft befürwortet. "Gespalten zwischen der Verantwortung gegenüber Tradition und der Faszination, die vom Unbekannten ausgeht", spürte er die Notwendigkeit, zu den Anfängen des Designs zurückzugehen, in die fünfziger Jahre, als die "reinen" Architekten begonnen hatten, Objekte zu entwerfen. Sicher ist, daß diese Unternehmung, abgesehen davon, daß sie den Trend zu den "Liebhaberobjekten" eröffnet hat, den ausdrucksstarken, postmodernen *style symbols*, mir erlaubt hat, eine außerordentliche Anzahl von Kontakten und Erfahrungen zu sammeln, auf die ich in den nachfolgenden Jahren die Herstellungspolitik aufbauen konnte. Außerdem hatte sie die Entdeckung zweier neuer großer Designer zur Folge: Aldo Rossi und Michael Graves.

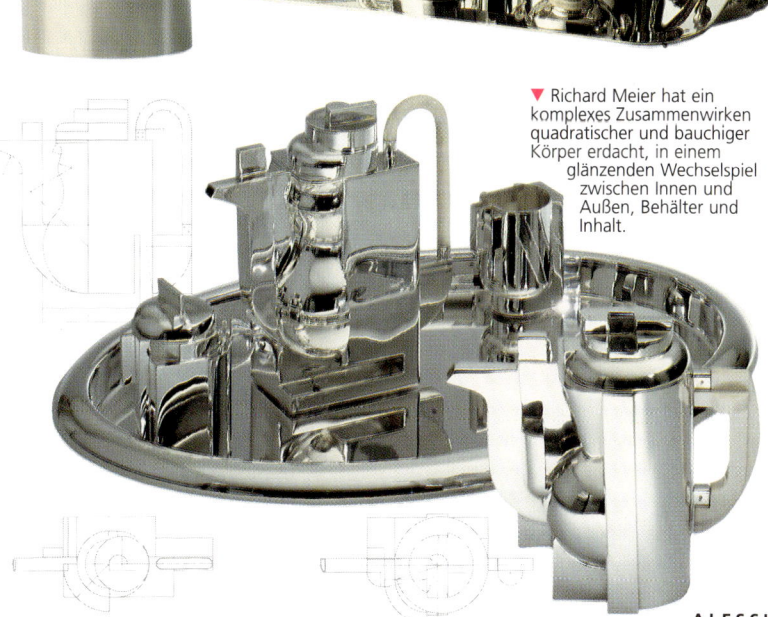

▼ Richard Meier hat ein komplexes Zusammenwirken quadratischer und bauchiger Körper erdacht, in einem glänzenden Wechselspiel zwischen Innen und Außen, Behälter und Inhalt.

ALESSI

Aldo Rossi

● Aldo Rossi war, wie ich, ein Freund des Sees, und zog sich zum Nachdenken und Schreiben gern in sein altes Haus am Mergozzosee zurück, was unsere ersten Kontakte im Frühjahr 1980 erleichtert hat. Er hat einige der repräsentativsten Objekte der achtziger Jahre entworfen und so seine Fähigkeit bewiesen, sich auf eine gemeinsame Wellenlänge mit dem Publikumsgeschmack zu bringen. Und das als Hobbydesigner, war er doch immer von der Bau-architektur angezogen. Bei einem Autounfall am Lago Maggiore ist er ums Leben gekommen. Er ist der erste meiner Meister, der aus dem Leben geschieden ist. Er fehlt mir und ich bin sehr traurig.

" *Ich glaube, daß der Handel mit Gegenständen sehr geheimnisvoll ist: manchmal betrachte ich die Objekte wie die im Museum aufgestellten tönernen Stücke; ein Material, das die Erde stillstehen läßt, die doch eigentlich nur seinen Gebrauch und seine Zerstörung verlangt. Wir betrachten die Dinge immer auf zwei Arten.* "

▶ Die Uhrenserie *Momento* ist noch immer im Alessikatalog: Aldo mochte Uhren sehr und ließ sie häufig an öffentlichen Gebäuden anbringen.

◀ Es war Rossis Traum, eine neue Espressomaschine herzustellen, die zu einem für alle annehmbaren Preis verkauft werden sollte: mit *La cupola* hat er es fast geschafft (1988).

ALDO ROSSI

◀ Den ganzen August 1997 über hatte ich den Prototyp seiner *Kanne* im Auto: ich wußte, daß Aldo an den Lago Maggiore kommen wollte und er glücklich gewesen wäre, den Prototyp zu sehen. Leider ist dies nicht mehr geschehen.

▼ Die *Kaffeemaschine Pressofilter* ist im Rahmen von Untersuchungen entstanden, die auch *La cupola* hervorgebracht haben (1986).

Bei der Entwurfszeichnung einer "unter dem Schutz" des *San Carlone* von Arona stehenden Kaffeekanne ist es ersichtlich, wie anders Aldo mit den Technikern umgegangen ist, ganz anders, als wir es bisher gewohnt waren: er machte Skizzen, zeigte sie und erwartete die mitunter wichtigen Bemerkungen und Korrekturen der Techniker. Es schien so, als ginge ihm immer alles zu glatt! Nach Meinung meines Onkels und der Casalinos, gewöhnt an Sappers Vorgangsweise, war dies eine skandalöse Haltung, so daß mein Onkel ihm eines Tages in seiner mürrischen Art sagte: *Herr Architekt, können sie keine Entwurfszeichnungen anbringen statt dieser Skizzen, die keiner versteht?* Dies war das einzige Mal, das ich Rossi verärgert erlebte. Er antwortete, daß wir Zanuso, aber nicht ihn mit schön ausgeführten technischen Zeichnungen beauftragen sollten. Durch Rossis Haltung begriff ich eine Weise der Annäherung ans Design, die in gewisser Weise allen oder fast allen Designern, die von der Architektur kommen, zu eigen war.

ALESSI

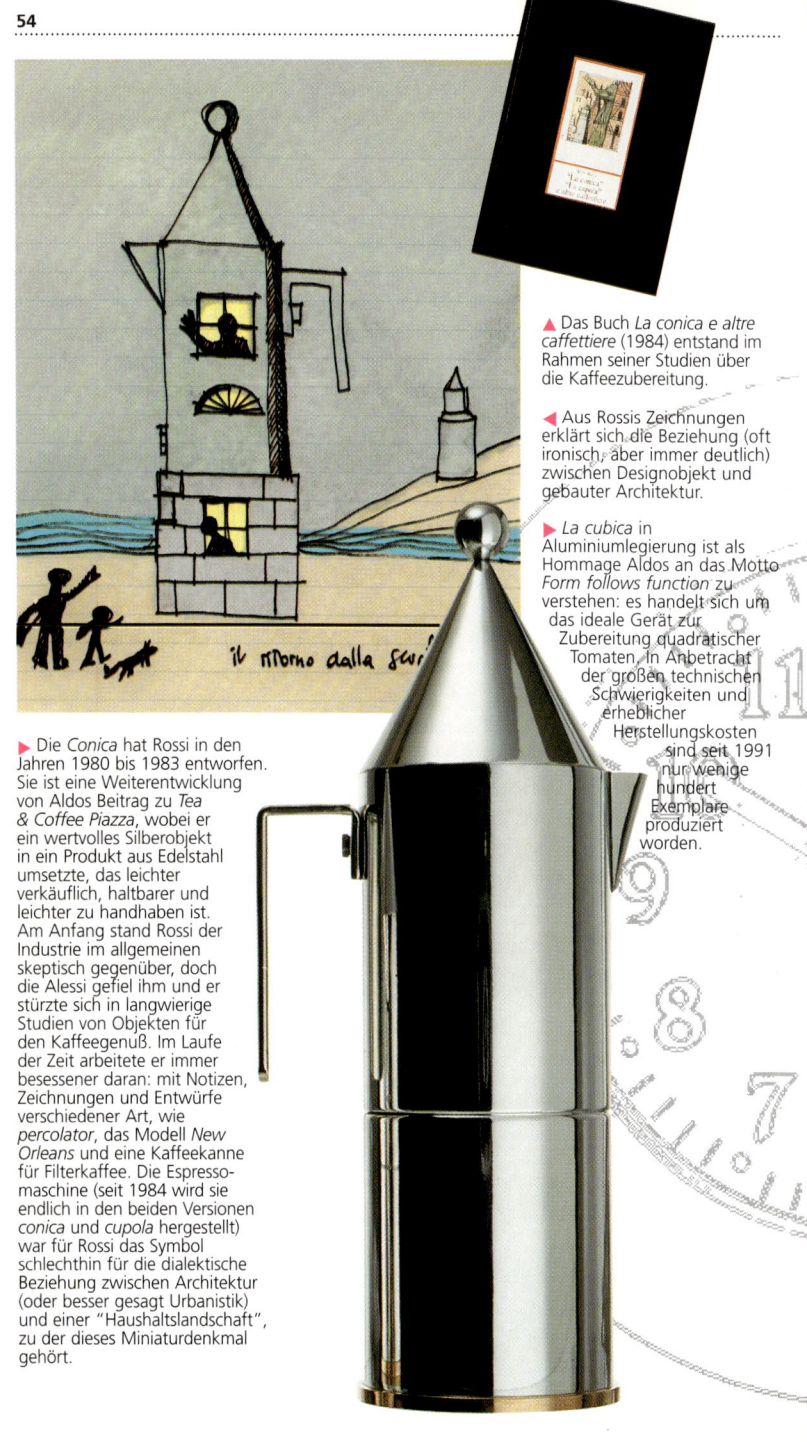

▲ Das Buch *La conica e altre caffettiere* (1984) entstand im Rahmen seiner Studien über die Kaffeezubereitung.

◀ Aus Rossis Zeichnungen erklärt sich die Beziehung (oft ironisch, aber immer deutlich) zwischen Designobjekt und gebauter Architektur.

▶ *La cubica* in Aluminiumlegierung ist als Hommage Aldos an das Motto *Form follows function* zu verstehen: es handelt sich um das ideale Gerät zur Zubereitung quadratischer Tomaten. In Anbetracht der großen technischen Schwierigkeiten und erheblicher Herstellungskosten sind seit 1991 nur wenige hundert Exemplare produziert worden.

▶ Die *Conica* hat Rossi in den Jahren 1980 bis 1983 entworfen. Sie ist eine Weiterentwicklung von Aldos Beitrag zu *Tea & Coffee Piazza*, wobei er ein wertvolles Silberobjekt in ein Produkt aus Edelstahl umsetzte, das leichter verkäuflich, haltbarer und leichter zu handhaben ist. Am Anfang stand Rossi der Industrie im allgemeinen skeptisch gegenüber, doch die Alessi gefiel ihm und er stürzte sich in langwierige Studien von Objekten für den Kaffeegenuß. Im Laufe der Zeit arbeitete er immer besessener daran: mit Notizen, Zeichnungen und Entwürfen verschiedener Art, wie *percolator*, das Modell *New Orleans* und eine Kaffeekanne für Filterkaffee. Die Espressomaschine (seit 1984 wird sie endlich in den beiden Versionen *conica* und *cupola* hergestellt) war für Rossi das Symbol schlechthin für die dialektische Beziehung zwischen Architektur (oder besser gesagt Urbanistik) und einer "Haushaltslandschaft", zu der dieses Miniaturdenkmal gehört.

ALDO ROSSI

▼ Rossis Tätigkeit für Alessi stand unter dem Zeichen des Eklektizismus und geht von Wand- und Armbanduhren bis zum Aussichtsturm, den er für das "Haus des Glücks" entworfen hat, der noch nicht erbaut wurde, und hier auf einer Photomontage erscheint.

▼ Rossi ging von einer "starken Idee" aus, die allen von den Technikern beantragten Veränderungen standhalten sollte. *Sie wissen sehr viel besser als ich, wie man eine Kaffeemaschine herstellt,* sagte Rossi zum verwunderten Casalino. Diese Haltung hat unseren Technikern die Zusammenarbeit mit Architekten an Stelle von Designern wesentlich vereinfacht und entspannt.

ALESSI

Zum Zeitpunkt der berühmten Auseinandersetzung über die technischen Zeichnungen war mein Onkel bestürzt, doch als er das darauffolgende Mal Aldos Zeichnungen mit denen von Morandi verglich, verzieh ihm Rossi. Aldo war beeindruckt, und seitdem entwickelte sich zwischen den beiden eine große Leidenschaft, die im Entwurf für die Villa meines Cousins Stefano in Suna ihren höchsten Ausdruck fand (1995).

Michael Graves

" *Bei der Alessi weitet sich die Tradition auf eine Idee von Familie aus. Als Designer wirst du sowie deine Leute integriert und als Familienmitglied behandelt – es ist eine sehr persönliche Beziehung zwischen Designer und Handwerker. Das ist es, was alles vorantreibt.* "

● Schon im Januar 1980, bei unserem ersten Besuch in Princeton, hatte uns Graves erklärt, daß ab diesem Zeitpunkt mehr als die Hälfte seiner Aktivitäten dem Design gewidmet sein sollten. Es war eine ganz deutliche Erklärung, die auch seiner großen Fähigkeit in diesem Bereich entspricht. Er besitzt die unglaubliche Begabung, sich auf die gleiche Wellenlänge des Publikums einzustellen: Theorien begeistern ihn nicht, doch einmal hat er mir seinen Wunsch gestanden, ein "amerikanisches Design" entwickeln zu wollen.

▶ Der *Wasserkessel mit vogelförmiger Flöte* (1985) erfreut sich weiterhin großen Erfolgs. Er ist der Urahne einer "Gegenstandsfamilie", die Graves Jahr für Jahr unermüdlich anwachsen läßt, wobei er das ihm eigene Gefühl für ein weniger intellektualisiertes, im Vergleich zum europäischen weicheres Design einbringt.

ALESSI

◀ In der persönlichen Formensprache Graves vereinigen sich Anregungen aus der europäischen Tradition, Art Déco, amerikanischer Pop und Verweise auf präkolumbianische Kulturen. Er hat bewiesen, daß er das Publikum faszinieren kann, wie nur wenige Designer mit denen ich zusammengearbeitet habe. Ich glaube, daß dieser Erfolg der völlig unbefangenen Annäherung an eine ökonomische Dimension zuzuschreiben ist, die diese Aktivität unvermeindlich mit sich bringt. Diese Haltung erlaubt es ihm, die Publikumserwartungen klarer zu erfassen als seine europäischen Kollegen.

▶ Die Zeichnungen im Hintergrund gehören zu dem Service, das Graves für *Tea & Coffee Piazza* entworfen hat, dem ersten Arbeitskontakt zwischen ihm und der Alessi.

▶ Die Objekte der "Gravesfamilie" entstanden konzentrisch, sie entwickelten sich aus dem *Wasserkessel*, zu dem sich zunächst die *Rahmkanne* und die *Zuckerdose* gesellten. Zur Verstärkung kam darauf *Pelicano* hinzu, die Espressomaschine. Der *Photorahmen* ist ein Neuzugang. Für viele Objekte, wie zum Beispiel die *Ölbehälter*, hat Graves verschiedene Versionen vorgeschlagen.

▲ *Sugar bowl & creamer*, ein weiteres typisch amerikanisches Tischgedeck, entstand im Gefolge des *Wasserkessels* (1988).

MICHAEL GRAVES

◄ *Korkenzieher, Pfeffermühle, Sektkorken, Salzstreuer* und *Timer:* Graves erweitert den Begriff der Familie Jahr für Jahr immer mehr, sodaß schließlich auch kleinformatige Objekte dazugehören.

▲ *Tasse, Milchkännchen, Butterdose* und *Kaffeemaschine Pressofilter:* ein unverwechselbarer Look für Objekte, die durch ein Metallgitter gut abgesichert sind und mit gut greifbaren Henkeln ausgestattet sind: ein Frühstücksgedeck für noch verschlafene und unsichere Tischgenossen (1989).

▲ Griffe aus Polyamid tauchen auch bei der unentbehrlichen *Platte* (1994) und der großen, zwei Liter fassenden *Kanne* (1991) wieder auf.

ALESSI

◀ Die *Küchenuhr* ist das Verbindungsglied zwischen der "Vogelfamilie" (die oben an den Zeigern auftaucht) und den lebhaften Farben der Serie *Euclid* (1992).

▶ Mit ihren beruhigenden Rundungen ist die *Thermoskanne* (1994), das Symbol der Serie *Euclid* geworden: sie ist u.a. auch in der Farbe "Graves blue" erhältlich.

▶ Abgesehen von den Holzobjekten der Twergiproduktion hat sich Graves an die Miniaturarchitektur der *Pendeluhr* gewagt. Das Zifferblatt befindet sich im "ersten Stock des Gebäudes" (1988).

MICHAEL GRAVES

▲ Die Farbzusammenstellung von gelb und blau kennzeichnet dieses von Graves entworfene *Porzellanservice*.

◄ Die *Käseplatte* steht auf einem Edelstahltablett und besteht aus einem Keramikschneidebrett "mit Löchern": der Knauf der transparenten Glocke ist eine lächelnde Maus. Die Platte ist in mehreren Farben erhältlich, wie auch der *Brotkasten* unten.

ALESSI

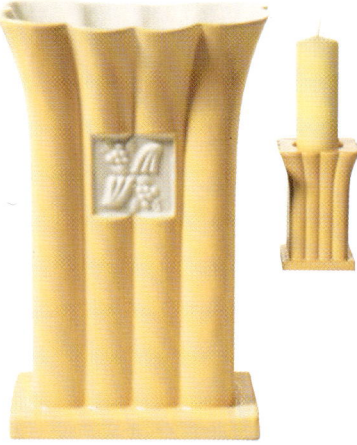

▲ Zwei Entwurfszeichnungen der monumentalen Gebäude, die Graves in den USA gebaut hat: oben die Zentralbibliothek in Denver, unten das Humana Building in Louisville.

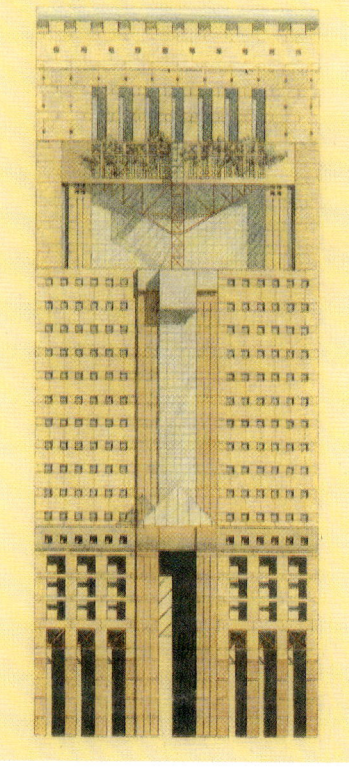

▲ In seiner letzten Produktion hat sich Graves besonders mit Porzellan befaßt, er setzte Architekturelemente in Objekte um, die eigentlich "Wolkenkratzer" der Tischausstattung sind, wie der *Kerzenhalter* und die *Vase* (26 cm Höhe), die mit einem elfenbeinfarbenen Medaillon verziert ist.

▼ Auf den *Topfuntersetzern* prangt die Umrißzeichnung des *Wasserkessels mit vogelförmiger Flöte*: sie sind in vier Farben (kobaltblau, celadongrün, weiß und melbagelb) erhältlich.

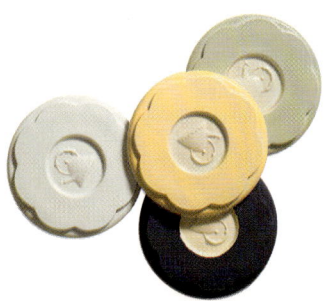

Die anderen Autoren

Ron Arad

● Seit den siebziger Jahren habe ich mit hunderten von Designern zusammengearbeitet. Es ist dies die wichtigste Erfahrung meines Lebens. Es fasziniert mich zu beobachten, wie sich das "Unermeßliche des Möglichen Kreativen" jedes Mal in verschiedene Bilder, Sprachen, Gesten und Gedanken umsetzt, die jedoch immer den heroischen Versuch unternehmen, etwas auszudrücken, das größer ist, als wir selbst es sind. Ich habe noch nicht verstanden, aufgrund welcher geheimnisvollen Zusammenhänge einige dieser Autoren in unserem Katalog ganze Familien erstellt haben, während andere lediglich ein scheinbar kleineres Zeichen hinterlassen haben, mitunter nur einen einzigen Entwurf..., doch ich weiß, daß ein einziger Entwurf genügt, das großartige Spiel des Seins zu bereichern.

▲ *The Soundtrack* gehört zu den unveröffentlichten Objekten der Alessi: es handelt sich um einen selbstklebenden CD-Halter aus Thermoplast. Die Zusatzzeichnungen stammen von Javier Mariscal. Mit Ron arbeitete ich schon seit einigen Jahren, ohne daß etwas produktionsfertiges entstanden wäre, bis er mich an einem Frühlingsabend 1997 anrief, um mir mitzuteilen, daß er ein schönes Projekt für mich habe und es mir sofort per Fax zuschicken wolle. Welch ein Gefühl ! Nach so vielen Jahren hatte ich zum ersten Mal ein wahres Beispiel für das *Less is more*, wie ich zu sagen pflege, die Verwirklichung der Prophezeiung eines "nichtmateriellen" Designs des Jahrs 2000, die Abwesenheit eines starken, persönlichen Stils. Welch eine Klasse! *The Soundtrack* ist eines der genialsten Entwürfe, die ich in den letzten (mindestens) zehn Jahren erhalten habe.

▲ *Rosenschale* ist die überarbeitete Rekonstruktion des Prototyps für einen Obstkorb von Josef Hoffmann (1906), der nie in Produktion gegangen ist. Arnell und Bickford konnten nur von einem Photo ausgehen, denn Entwurfszeichnungen oder Skizzen waren unauffindbar.

Arnell & Bickford

ALESSI

Andrea Branzi

" Ein Haus zu erbauen bedeutet für den Menschen einen Raum und Objekte zu erschaffen, mit denen er in eine Beziehung treten kann, die nicht nur funktioneller, zweckbedingter Art ist, sondern auch psychologisch, symbolisch und poetisch ist. Hölderlin schreibt: Der Mensch wohnt poetisch, *was heißen soll, daß die Beziehung, die den Menschen mit seinem Nest verknüpft, literarischer Art ist, teilweise auch unverständlich und symbolisch. "*

A
B
A + B

DIE ANDEREN AUTOREN

◀ Dank seinem Umweltbewußtsein ist Branzi einer der Designer, der für das Holz der Twergiproduktion am meisten empfänglich ist. Zu seiner Familie, die man am Rautendekor und den länglichen Formen erkennen kann, gehört der lustige *Zahnstocherhalter* (1991).

▼ *Mama-ò,* der von Branzi 1988 entworfene Wasserkessel weist zwei symmetrisch angebrachte Verschlußkappen mit melodischer Flöte auf, die beide durch einen langen Griff miteinander verbunden sind.

ALESSI

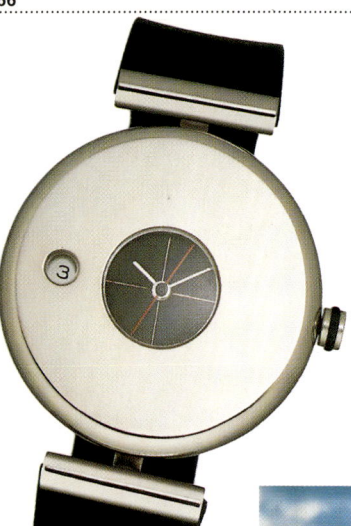

Mario Botta

◄ Eine Uhr beschreibt das Vergehen der Zeit durch ihr Zifferblatt. Es ist ein eigenständiges architektonisches Objekt, mit eigenen Bildern, Raum und Mechanismus. Ein Mikrokosmos, der die Faszination des "fertigen" Objekts wiedergibt (1989–1997).

Shigeru Uchida

► *Dear Vera* trägt den Namen von Aldo Rossis Tochter: die Tischuhr in zwei Versionen war nämlich ursprünglich als Einrichtungsstück für das Hotel von Fukuoka gedacht und von Uchida zusammen mit Rossi entworfen (1994).

▼ Fasziniert von den unregelmäßigen Falten einer *Platte* aus Aluminiumfolie hat Clotet diesen Effekt in Stahl nachgeahmt (1994).

Lluís Clotet

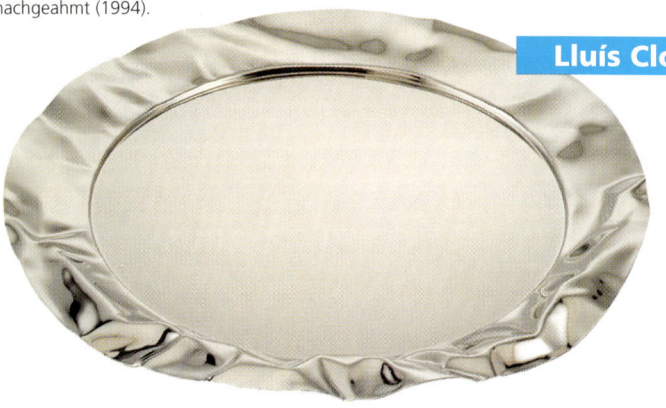

Riccardo Dalisi

▶ Die Studien für die *Neapolitanische Espressomaschine* (1979–1987: XII. Design-Preis Compasso d'oro) ist die längste in unserer Geschichte: ein Buch und mehr als zweihundert funktionsfähige Prototypen aus Blech sind im Laufe der Jahre daraus hervorgegangen. Mit seiner Baskenmütze und Kleidung im Stil neorealistischer Filme, ständig neue Ideen und neue Vorstellungen von Funktionsmechanismen hervorbringend, war Dalisi sicher keine Person, mit der es leicht war umzugehen. Und doch war dieses Projekt für uns sehr wichtig. Es hat uns erlaubt, unsere industrielle Welt noch mehr dem Gedankenreichtum des Handwerks zu öffnen, es hat uns gelehrt, unsere Sicherheiten auf eine zarte und poetische Art zu dämpfen; ein Weg, der oft angebracht ist, um an alteingesessenen, häuslichen Ritualen arbeiten zu können.

ALESSI

Massimo Morozzi

◀ *Pasta set* ist ganz den Nudeln gewidmet. Morozzi zeigte mir den Entwurf im Sommer 1982. Seine Form war spannend und geheimnisvoll, so haben wir eine Umfrage gestartet: ungefähr die Hälfte der Befragten konnte hier keinen Kochtopf erkennen und hat die verschiedensten Interpretationen abgeliefert. Trotzdem haben wir beschlossen, die Produktion zu beginnen, und wir haben gut daran getan. *Pasta set* ist so populär geworden, daß es sogar den Markt beeinflußt hat: auf der ganzen Welt gibt es mindestens hundert Imitationen. Die Arbeit ging dann mit *Vapor set* weiter, eigens zum Kochen und Dämpfen gedacht (1990).

Fig. 13

DIE ANDEREN AUTOREN 69

Frank Gehry

▼ *Pito* heißt Gehrys Wasserkessel, dessen Griff und melodische Verschlußkappe aus Mahagoni sind (1992).

" Wenn die Künstler und Bildhauer, die ich kenne, arbeiten, gibt es auch immer eine spielerische Komponente. Man experimentiert, man probiert aus. Es ist eine etwas unbefangene und kindliche Vorgangsweise, wie wenn Kinder in einer Kiste spielen. Auch Wissenschaftler arbeiten so, als verwürfen sie Dinge, um dann Ideen nachzugehen, statt voraussehen zu wollen, wohin es eigentlich geht. "

Paolo Portoghesi

◄ Die Achphatkapelle in Armenien und die zierlichen Linien der nordafrikanischen Moschee von Tlemcen werden in dieser Mikroarchitektur wiederaufgegriffen. Portoghesis unverwechselbares Linienbündel schließt sich mit dem magischen Licht der Kerze zusammen.

ALESSI

George Sowden

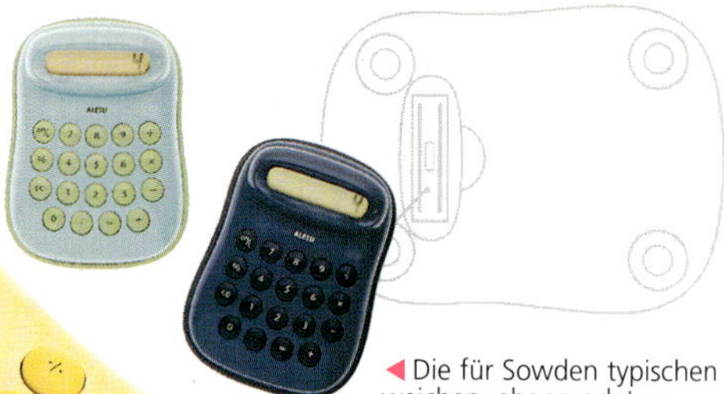

◄ Die für Sowden typischen weichen, abgerundeten Formen und die lebhaften Farben kennzeichnen *Dauphine*, den Tischrechner mit acht Funktionen (1997).

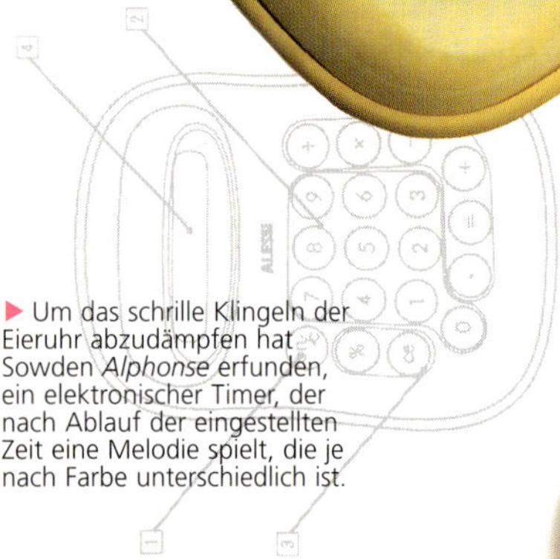

▶ Um das schrille Klingeln der Eieruhr abzudämpfen hat Sowden *Alphonse* erfunden, ein elektronischer Timer, der nach Ablauf der eingestellten Zeit eine Melodie spielt, die je nach Farbe unterschiedlich ist.

▼ Die *Porzellandosen* sind in weiß, oder auch mit dem Dekor von A. Fiorilli, N. du Pasquier und natürlich von Sowden erhältlich.

DIE ANDEREN AUTOREN

Massimo Scolari

▶ Gegenstände zum Lesen und Schreiben: der Verbreitung der Mouse stellt Scolari (dieser Name ist sein Schicksal) einen *Bleistift* aus Ebenholz mit Mine in einer Zinn-Bleilegierung entgegen sowie den *Lesezeichen-Brieföffner* mit zwei Bändern, eine Widmung an jene, die noch Bücher mit aufzuschneidenden Seiten lesen.

Oscar Tusquets

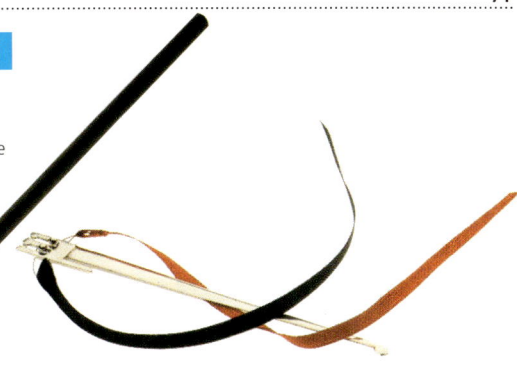

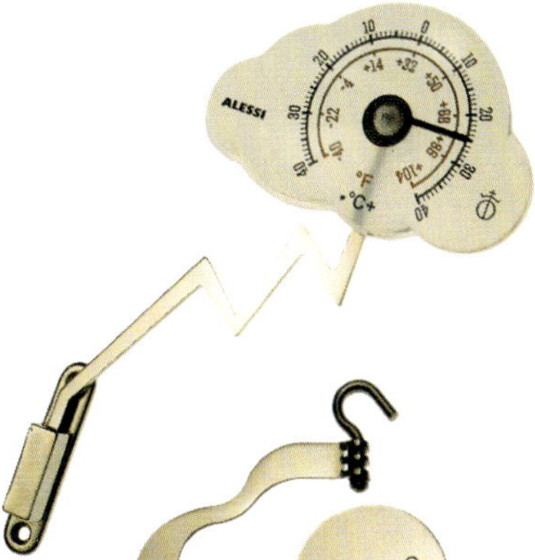

◀ Tusquets hat drei Thermometer entworfen (1998): leicht ersichtlich mißt *Blue Sky* mit seiner Blitze abschießenden Wolke die Außentemperatur; *Chily Penguin* zieht hingegen die Kälte des Kühlschranks vor, während das Teufelchen von *Hot Sweet Hot* die Hitze glühender Öfen liebt.

ALESSI

Robert Venturi

▼ Die Platte *The Campidoglio* (1985) ist im Rahmen des Projekts *Tea & Coffee Piazza* entstanden und greift das von Michelangelo entworfene Bodenmuster des Kapitolplatzes auf, das außergewöhnliche perspektivische Zusammenspiel von Kreis und Ellipse unterstreichend.

« Bei der Architektur liebe ich Komplexität und Widersprüchlichkeiten. Willkürlichkeit und Inkonsequenz der nichtgekonnten Architektur gefallen mir nicht, auch nicht die komplizierten Geziertheiten im Pittoresken oder im Expressionismus. Ich ziehe hybride Elemente den reinen vor, Kompromisse den glatten Lösungen, gewundene Linien den geraden, Zweideutiges dem unmißverständlich Artikulierten. Ich unterstütze die Vielfältigkeit der Bedeutung gegenüber dem klar Ausgedrückten; ich mag die vitale Unordnung lieber als die offenbare Einheit: ich akzeptiere das non sequitur *und proklamiere Dualität. Doch eine Architektur, die auf Komplexität und Widersprüchen beruht, bedarf eines ganz besonderen Augenmerks aufs Ganze. Sie muß die schwierige Aufgabe der Einbeziehung zum Ziel haben, nicht den leichtfertigen Ausschluß.* More is not less, *mehr bedeutet nicht weniger. »*

Marco Zanuso

▲ Die Besteckgarnitur *Duna* (1995) ist unser einziger Entwurf von Zanuso, den ich fast als Vater des italienischen Designs bezeichnen würde. Sie ist 1960 im Rahmen eines unveröffentlichten Projekts für eine Ausschreibung der amerikanischen Firma Reed & Barton entstanden. Ich erinnere mich gut daran, wie der Autor mir das Kernelement dieser Teile beschrieben hat: die "schlanke Taille", mit anderen Worten eine Verengung am oberen Teil des Griffs, genau wie die der Kleider junger Damen aus guter Familie in den fünfziger Jahren.

ALESSI

Philippe Starck

"*Alessi ist ein Händler der guten Laune!*"

● Die Zusammenarbeit mit Starck begann 1986, als wir gemeinsam mit dem Centre Pompidou und François Burkhardt das *Projet Solférino* über das französische Design erarbeitet haben. Ich betrachte Starck als einen Designer *maudit* des ausgehenden Jahrhunderts. Er ist das lebende Beispiel für meinen Traum: das wahre Design besitzt gegenüber Herstellung und Handel immer eine innovative Kraft und führt zu Ergebnissen, die nicht allein auf technologischer Ebene oder der des Handels zu erklären sind. Ein echtes Designwerk muß bewegen können, Gefühle vermitteln, Erinnerungen wachrufen, erstaunen, Grenzen überschreiten..., es muß uns klar machen, daß unser Leben einzigartig ist, kurz, es sollte poetisch sein. Design ist eine der typischsten Ausdrucksformen unserer Epoche. Und ich weiß, daß dieser große Träumer, auch wenn er damit droht in Pension zu gehen, noch nicht aufgehört hat, uns zu überraschen!

▲ Starck an seinem *Faitoo* "aufgehängt". Die Hauptfigur in der Renaissance des französischen Designs scheute sich nicht, in einem glänzenden Wechselspiel von Identifikation und Marketing, die Rolle eines seiner Objekte zu übernehmen.

◄ Trotz seiner Liebe für Präzisionsinstrumenten (siehe den Radiowecker *Coo-Coo* rechts), verschmähte Starck keineswegs einfachere Gegenstände, wie die Zahnbürste *Dr. Kiss* oder den Zahnstocherhalter *Dr. Kleen* (1998).

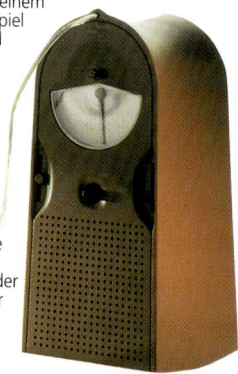

PHILIPPE STARCK

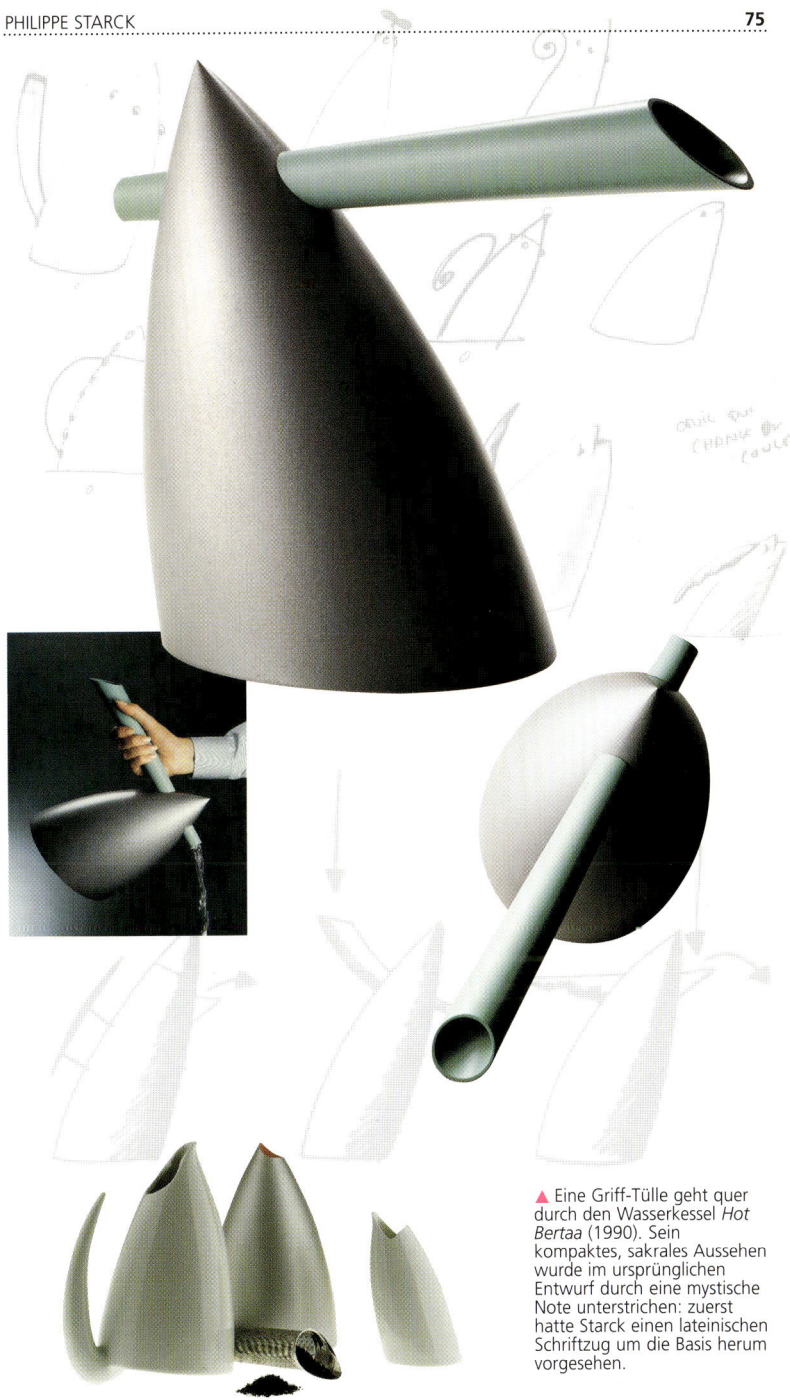

▲ Eine Griff-Tülle geht quer durch den Wasserkessel *Hot Bertaa* (1990). Sein kompaktes, sakrales Aussehen wurde im ursprünglichen Entwurf durch eine mystische Note unterstrichen: zuerst hatte Starck einen lateinischen Schriftzug um die Basis herum vorgesehen.

ALESSI

◀ Die *Wanduhr* ist ein Steckenpferd Starcks: man befreie die Zeiger aus ihrem Käfig und lasse sie frei. Tatsächlich besteht diese Uhr nur aus Zeigern und Uhrwerk: die Uhrzeit erschließt sich aus dem Schatten an der Wand, also fast wie bei einer Sonnenuhr (1990).

▲ Starcks Entwürfe erhielten mit der Zeit immer häufiger Aussehen und Namen beseelter Haushaltswesen: hier z.B. der Seiher *Max-le-chinois* oder die suggestive langbeinige Zitronenpresse *Juicy Salif* (beide 1990).

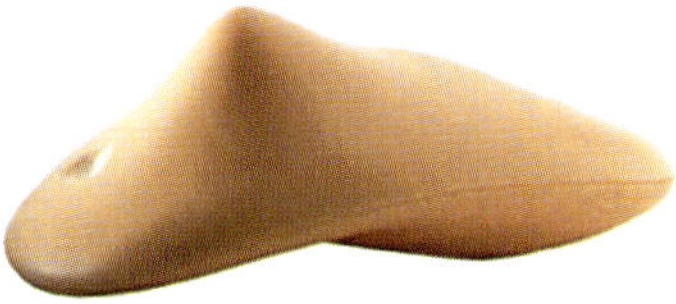

PHILIPPE STARCK

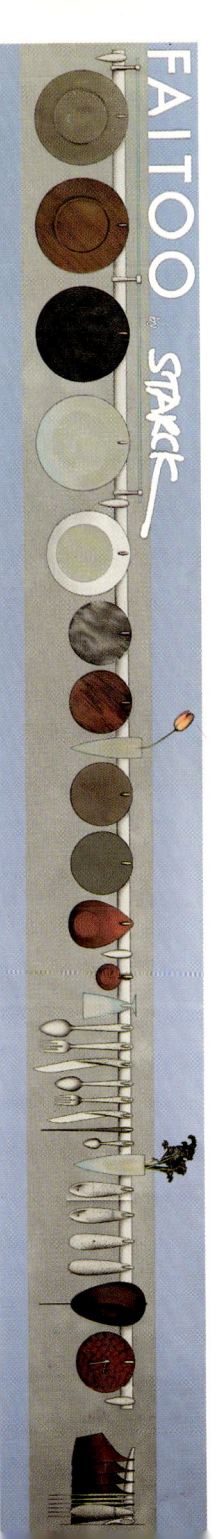

▲ 1996 erscheint *Faitoo*. Auf Französisch heißt "fait-tout" alles können, aber auch Kasserolle. Es handelt sich um eine praktische Stange für die Küche, an der die verschiedensten Gegenstände an geeigneten Haken oder Öffnungen aufgehängt werden können. Alles ist gleich bei der Hand und sichtbar, so daß die übliche langwierige Suche entfällt.

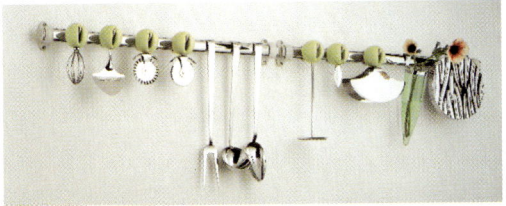

▲ *Voilà Voilà:* schnell erscheint eine Platte auf grünen Füßen (1992).

▲ Der *Tortenheber* sieht so solid und handlich wie eine Maurerkelle aus (1998).

▲ Hinter der unverwechselbaren Form von *Mr Meumeu* verbirgt sich eine Parmesankäsedose mit Reibe: das Horn ist eigentlich ein Löffel (1992).

▼ Die Oberfläche des *Tafelaufsatzes* wird von kleinen "Dienern" getragen: knapp angedeutete Figuren, die sich den letzten "anthropomorphen" Werken Starcks annähern (1996).

◀ Bei Starck wechseln sich Präzisionsmechanismen (wie Uhr oder Radio) und augenscheinlich banale Werkzeuge ab, wie die Fliegenklatsche *Dr. Skud*, die, wenn man sie hochhält, ein menschliches Gesicht zeigt (1998).

▲ 1996 haben wir das kleine Verlagshaus von Starck und Patricia erworben, und dabei einige Objekte in unseren Katalog aufgenommen, u.a. den Kerzenhalter *O'Kelvin* (1989), den Aschenbecher *Joe Cactus* (1990) und das Platzschild *Berta Youssouf* (1987).

▲ Der dicke, einsame *Dédé* denkt über seine Aluminiumrundungen und seine Funktion als Türhalter nach (1996).

ALESSI

Enzo Mari

"*Die italienischen Designindustrien sind in Wahrheit Metaphern von Industrie.*"

● Enzo Mari steht unserer Konsumgesellschaft kritisch gegenüber wie kein anderer in der doch so vielfältigen Welt des internationalen Designs. Zweifelsohne ist er mein "paranoider Meister": eine Art Schutzengel, der mich bewacht und mich darauf hinweist, wenn ich seiner Meinung nach etwas nicht richtig mache! Wir haben uns in der zweiten Hälfte der siebziger Jahre kennengelernt, als ich seine für Danese entworfene Platte *Arran* in unser *Programm 7* aufnehmen wollte: das sollte ich erst zwanzig Jahre später, 1997, schaffen. Bei einer Konferenz in Paris hat er mit der ihm eigenen verbalen Heftigkeit den oben aufgeführten Gedanken vorgebracht: der Satz hat mich beeindruckt, ich habe ihn mir sofort zu eigen gemacht, und er wurde zum Ausgangspunkt einer theoretischen Untersuchung über die "Fabriken des Italienischen Designs". Ich bin ganz besonders glücklich darüber, daß er weiterhin für uns arbeitet und seine Familie in unserem Angebot aufbaut. Ich glaube, daß seine Kritik uns gut tut; wir brauchen ihn, um uns in regelmäßigen Abständen klar zu machen, wohin es geht. Auch im Sturm weist er uns die Richtung.

▲ *Ecolo* ist der charakteristischste Entwurf Maris: weggeworfene Plastikflaschen wurden zu Blumenvasen umfunktioniert (1996).

ENZO MARI

▲ Mari wollte ursprünglich auch die Recyclingflaschen liefern, doch *Ecolo* beschränkt sich darauf "Gebrauchsanweisungen", oder besser gesagt "Anweisungen zum Weitergebrauch" zu geben, die Mari manchmal auch in Performances vorstellt.

▲ Wie man bei dieser *Etagere* aus dem Jahr 1997 sehen kann, kreiert Mari, hauptsächlich für die Küche, eine ganze Objektfamilie in Plastik, wobei er dem Metaprojekt der "neuen Schlichtheit" konsequent folgt.

◄ Der zweistöckige Servierwagen *Standard* auf drei Rädern (1989) ist ein Einrichtungszubehör, das bei mir zu Hause, in dem "Haus des Glücks", entwickelt und ausprobiert wurde.

ALESSI

◀ Die Küchengeräte aus Plastik verraten den "absoluten" Begriff, den Mari von industrieller Produktion hat: die Suche nach Archetypen, deren scheinbar banale Form sich im Alltagsleben als sehr funktionell erweist.

▼ Maris Anwesenheit bei Alessi bedeutet auch die Überarbeitung "klassischer" Gegenstände in neuen Materialien: hier das Beispiel eines *Drahtkorbs*, Stützpfeiler der Inoxstahlproduktion unseres Betriebs, in einer Version aus Plastik (1997).

▶ Auf der nächsten Seite sind die bekanntesten Objekte abgebildet, die Mari für Danesi entworfen hat (seit 1997 im Alessikatalog): in der Mitte die rechteckige Platte *Arran* (1961), ein Symbol des italienischen Designs.

ENZO MARI

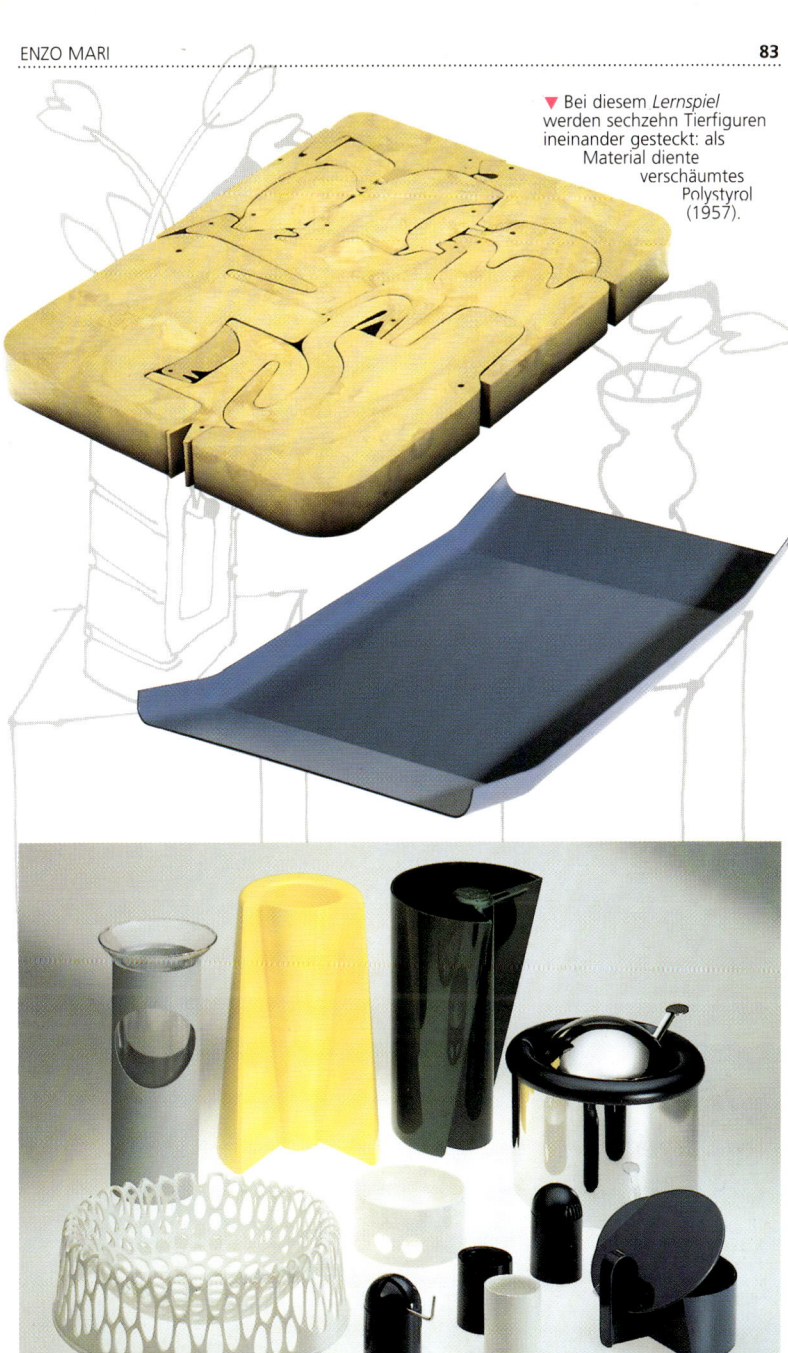

▼ Bei diesem *Lernspiel* werden sechzehn Tierfiguren ineinander gesteckt: als Material diente verschäumtes Polystyrol (1957).

ALESSI

Twergi und Tendentse

Twergi

● Außer der Metallverarbeitung gibt es im Stronatal eine zweite alte Tradition: die Herstellung kleiner Holzobjekte für Haus und Küche. Wir wollten uns an diese alten Produktionstraditionen anknüpfen und haben deshalb 1988 die älteste Firma des Tals erworben, die Battista Piazza 1865. Außer der Reproduktion einiger historischer Objekte, haben wir diese Produktionsart wiederaufleben lassen: unsere Autoren und auch einige junge Leute haben viele Entwürfe vorgelegt, die handwerklich in mehreren Holzarten realisiert wurden.

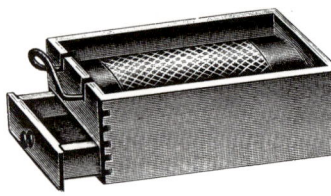

▲ Die Produktion der Firma Piazza bedeutete für das lokale Handwerk einen Entwicklungsschritt. Historisches Symbol ist der Kobold, in der Sprache der Walser "Twergi" genannt. Dieser gute Waldgeist wurde von Milton Glaser neu entworfen und trägt nun ein Paar Miniaturski.

TWERGI UND TENDENTSE

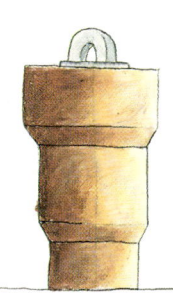

▲ Dalisis spitzförmige *Pfeffermühle* (1990) wacht über ein robustes *Tablett* von Graves, der auch die schlanke *Pfeffermühle* entworfen hat.

◀ Hier sind "historische" Geräte von Ubaldo Piazza aus den dreißiger Jahren mit zeitgenössischen Objekten abgebildet.

▶ Der *Spiegel* von Ico Migliore und Mara Servetto zieht sich scheu zurück, angesichts der *Lampe* von Milton Glaser: es wohnen die *Photorahmen* von Kuno Prey bei (1990).

▼ Sottsass hat sich für das Twergiholz begeistert: ihm verdanken wir alle unten abgedruckten Tischobjekte.

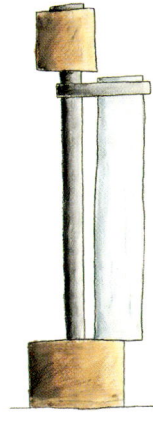

ALESSI

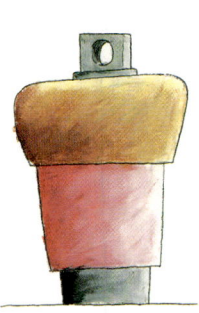

◀ Die von Zeichentrickfilmen inspirierten doppelten *Photorahmen* tragen die Handschrift Guido Venturinis, während der *Zeitungshalter* aus Kirschbaum von Ico Migliore und Mara Servetto stammt. Der *Servierwagen* ist von Adalberto Pironi und kann auch als TV-Wagen benutzt werden. Die unten abgebildete Serie trägt ein Rautenmuster. Andrea Branzi hat sie mit etwas Respektlosigkeit entworfen. Die Zeichnungen stammen von Sottsass, der allen Details der Tischausstattung sehr große Beachtung geschenkt hat, bis hin zu den kleinsten Objekten, wie *Eierbechern*, *Flaschenverschlüssen* und *Serviettenringen*.

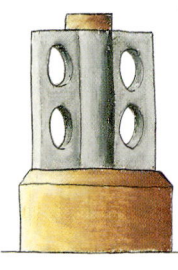

TWERGI UND TENDENTSE

● Der kleine Betrieb Tendentse wurde in Livorno gegründet, und zwar unter dem Vorsatz, eine experimentelle Produktion im Bereich des neubegründeten Majolika- und Porzellanhandwerks ins Leben zu rufen. Zur ersten Kollektion gehören Entwürfe von Branzi, Cibic, De Lucchi, Gili, Mendini, Morozzi, Mutoh, Nannetti, Nardi, Natalini, Puppa,

Tendentse

Raggi, Shama, Tarshito und Sottsass, die heute aber alle nicht mehr zur Kollektion gehören. Seit 1989 ist Tendentse Teil der Alessi.

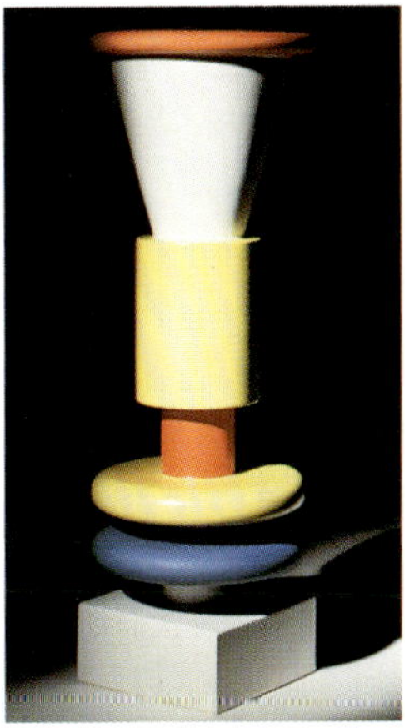

ALESSI

100% Make Up

● Das Metaprojekt dieser von Mendini geleiteten Unternehmung gründet auf der Idee der Erschaffung einer ideellen Fabrik von Ästhetischem, verstanden als Multiplikation ihres Seins, als Sequenz ästhetischer, sich gleichender Geschöpfe. Um das Identische unterschiedlich zu machen, wagten sich hundert Autoren an eine Ausgangsform: von jedem Entwurf wurden 1992 hundert Exemplare produziert, von 1 bis 10.000 numeriert. Jedes einzelne wurde von allen Autoren signiert.

" *Die Dekors sind wie Fische im Meer, es gibt sie auch dann, wenn man sie nicht sieht.* "

▲ Mendini hat einen goldfarbenen Vasentyp erarbeitet (Nummer 58 der Serie), aber auch andere Dekorvarianten und Möglichkeiten zur Aufstellung der hundert Vasen.

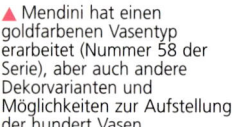

100% MAKE UP

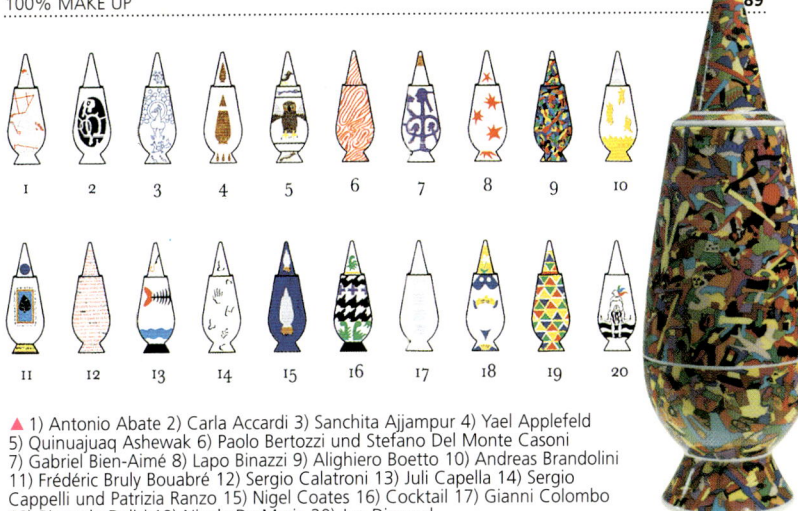

▲ 1) Antonio Abate 2) Carla Accardi 3) Sanchita Ajjampur 4) Yael Applefeld 5) Quinuajuaq Ashewak 6) Paolo Bertozzi und Stefano Del Monte Casoni 7) Gabriel Bien-Aimé 8) Lapo Binazzi 9) Alighiero Boetto 10) Andreas Brandolini 11) Frédéric Bruly Bouabré 12) Sergio Calatroni 13) Juli Capella 14) Sergio Cappelli und Patrizia Ranzo 15) Nigel Coates 16) Cocktail 17) Gianni Colombo 18) Riccardo Dalisi 19) Nicola De Maria 20) Jan Digerud.

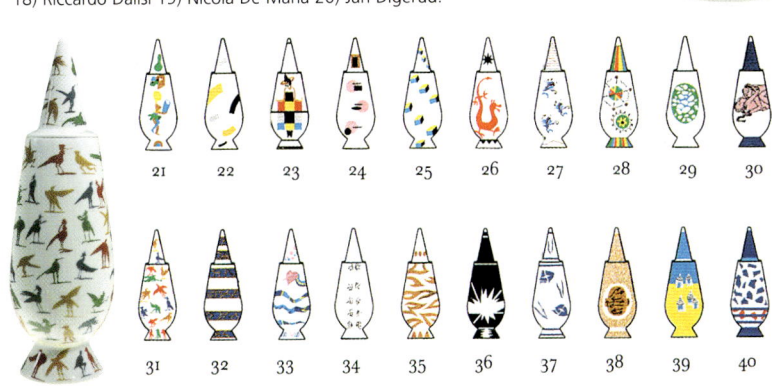

▲ 21) Emmanuel Ekefrey 22) Brian Eno 23) Ellinor Flor 24) Dan Friedman 25) Elizabeth Fritsch 26) Piero Gaeta 27) Giorgio Galli und Beatrice Santiccioli 28) Louise Gibb 29) Piero Gilardi 30) Anna Gili 31) Milton Glaser 32) Michael Graves 33) Maria Christina Hamel 34) Jan Mohamed Hanif 35) Pitt Heinke 36) Yoshiki Hishinuma 37) Susan Holm 38) Yong Ping Huang 39) Aussi Jaffari 40) Christer Jonson.

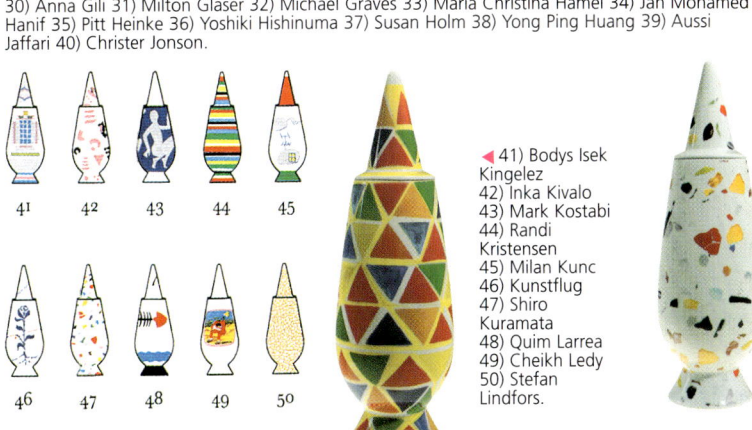

◀ 41) Bodys Isek Kingelez 42) Inka Kivalo 43) Mark Kostabi 44) Randi Kristensen 45) Milan Kunc 46) Kunstflug 47) Shiro Kuramata 48) Quim Larrea 49) Cheikh Ledy 50) Stefan Lindfors.

ALESSI

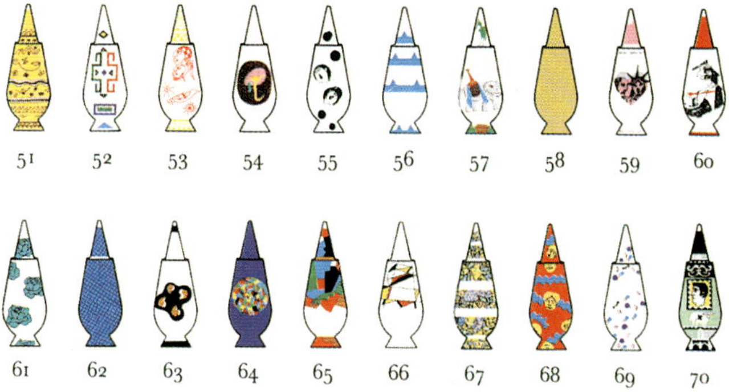

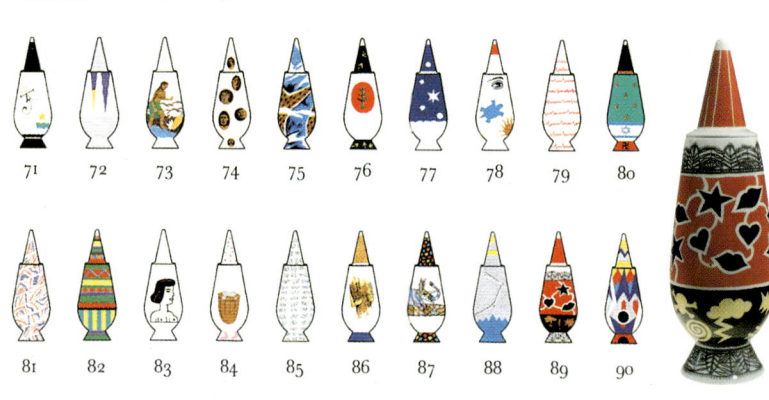

▲ 51) Kamba Luesa 52) Esther Mahlangu 53) Valente Malangatana 54) Karel Malich 55) Massimo Mariani 56) Giusi Mastro 57) Kivuthi Mbuno 58) Alessandro Mendini 59) Antonio Miralda 60) Sergei Vladimir Mironenko 61) Alexandre Mocika 62) Paolo Navone 63) Sinya Okayama 64) Luigi Ontani 65) Eikki Orvola 66) Salcido Javier Perez-Gil 67) Eduardo Pla 68) Plumcake 69) Giogio Rava 70) Ravange.

▲ 71) Ronaldo Pereira Rego 72) Roberto Remi 73) Cheri Samba 74) Andeas Schulze 75) Suresh Sethi 76) Raja Babu Sharma 77) Jari Silvennoinen 78) Ettore Sottsass Jr. 79) Gregorio Spini 80) Philippe Starck 81) Peter Struycken 82) Sybilla 83) Guillermo Yejeda 84) Cyprien Tokoudagba 85) Dagmar Trinks 86) Maurizio Turchet 87) Twins Seven Seven 88) Masanori Umeda 89) Hilde Vemren 90) Robert Venturi.

▶ 91) Guido Venturini 92) Nanda Vigo 93) Mara Voce 94) Acharya Vyakul 95) Brigitta Watz 96) Gisbert Weiss 97) Hannes Wettstein 98) Y.A.Y.A. Young Aspirations Young Artists 99) Leonid Yentus 100) Rhonda Zwilinger.

Die Familie King-Kong

" Wir können so gebildete Designer wie Mendini oder Branzi nicht mehr ertragen, weil man mindestens ein ausgebildeter Architekt sein muß, um zu verstehen, was sie entwerfen ..., wir würden gern Dinge entwerfen, die Leo Castelli, aber auch dem Mann auf der Straße, gefallen. "

● Gegen Ende der achtziger Jahre nannte mir Alessandro Mendini, mein wertvoller Berater in Sachen neuer Talente, auf seine diskrete Art die Namen zweier junger Florentiner Architekten. Stefano Giovannoni und Guido Venturini kamen sehr aufgeregt mit einer Serie Skizzen zu mir. Es waren zwei eigenartige Typen, und ich spürte, daß ihre spielerische Poesie, die sich offenkundig an die Sprache von Zeichentrickfilmen anlehnte, interessante Ergebnisse haben könnte. Wir besichtigten die Produktion, wobei ich versuchte, ihnen so viele Informationen wie möglich über uns, unsere Ziele und Möglichkeiten zu geben. Sie hörten mir sehr aufmerksam zu, und das darauffolgende Mal erschienen sie mit einer kompletten Sammlung von Aufzeichnungen und Entwürfen.

▶ Inmitten ihrer Zeichnungen entdeckte ich eine Platte, deren Rand das ausgestanzte Motiv kleiner Männchen zeigte, ähnlich wie Kinder sie mit Scheren machen. Der Entwurf *Girotondo* (1989) ging ohne Schwierigkeiten oder besondere Begeisterung voran: niemand hätte sich je vorgestellt, daß er ein Bestseller werden sollte!

ALESSI

Die King-Kong-Männchen erschienen dann auch auf für uns "normalen" Objekten, die zur alten Tradition der Alessi gehören, wie durchbrochene *Platten* und *Obstschalen*: sie haben sich jedoch vervielfacht und ein uns unbekanntes Terrain erobert, wie Schreibtischunterlagen, *Stifthalter* oder *Lesezeichen*.

DIE FAMILIE KING-KONG

Ich muß sagen, daß die King-Kongs, außer einem ohne Zweifel guten Gespür und Können, auch sehr viel Glück hatten. Sie haben das Spielerische im Menschen angesprochen und haben begriffen, wie wichtig es ist, mit einem "Kodex der Affekte" zu arbeiten. Doch vor allem erschien dieser Entwurf zum richtigen Zeitpunkt.

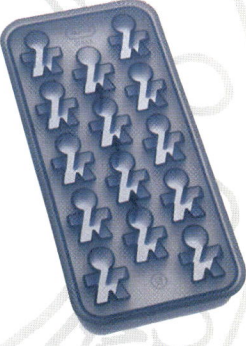

Ich glaube, daß es sich hier um die typische Anwendung eines "Kinderkodex" handelt, und das in einem Katalog, in dem *status* und *style* der Meisterwerke großer Autoren dominiert hatten: ein Gegengewicht also zu den damals gerade aufgekommenen Talenten wie Rossi, Graves und Starck.

▶ Parallel zur immer zahlreicheren "Männchenfamilie" erschien 1994 auch die Serie der *Obstschalen*, *Platten* und *Grissinibehälter* in verschiedenen Größen, mit Dreiecks- und Rautenmotiven.

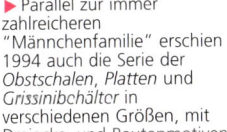

ALESSI

Das CSA und die jungen Autoren

"*Es ist nicht leicht, diese 'Werkstatt' zu definieren: fruchtbar, subtil, in der, wie im Märchen, alles möglich erscheint, doch wo man weder einen Anfang erkennen, noch ein Ende absehen kann...*"

● Das Centro Studi Alessi wurde 1990 unter zweifacher Zielsetzung gegründet: theoretische Beiträge zu den mit Objekten verbundenen Themenkreisen zu erarbeiten und die von mir geplante Arbeit mit jungen Designern zu fördern. Die Alessi hatte nur mit "großen Autoren" zusammengearbeitet, doch ich fühlte mich gegenüber den jungen, aufkommenden Designern verantwortlich. Laura Polinoro hat hier eine sehr wertvolle Arbeit geleistet.

◀ Die Bilder auf dieser Seite beziehen sich auf einen Workshop, der 1996 an der Helsinki University of Industrial and Applied Art stattfand.

Laura hat ihre ganze Intuitionskraft miteingebracht, aber auch ihre Ausbildung bei Fabbri und Eco als Semiologin. Oftmals erinnert sie mich an Marianne Brandt, die erste Frau, die in der Metallwerkstatt des Bauhaus gearbeitet hat. Mit ihr begann die ermüdende Arbeit, die Alessi aus dem Kielwasser der Rhetorik herauszuziehen, in dem sich ein Teil des italienischen Designs festgefahren hatte. Durch sie wurden bei Alessi bisher unbekannte Disziplinen eingeführt, wie die Anthropologie und die Semiologie. Nach neun Jahren, 1998, ist das CSA von Mailand nach Crusinallo umgezogen.

◀ Die Aktivitäten im Designmanagement des CSA finden vor allem in Workshops statt, wie auch in Seminaren, sei es mit Studenten, in Zusammenarbeit mit Architekturfakultäten, Kunst- und Designakademien, sei es mit Gruppen von Designern. Wir haben Workshops schon in Argentinien, England, Japan, Brasilien, Costa Rica, den U.S.A., Australien, Frankreich, Deutschland, Finnland, Österreich...und sogar auf den Ägäischen Inseln organisiert.

ALESSI

Ab 1990 bin auch ich zu dieser Aufgabe, die ich mit sehr großem Interesse erfülle, herangezogen worden: diese Photographien stammen von einem Workshop an der Miami University im Jahre 1996. Ich versuche jedes Jahr meinen persönlichen Workshops zwei Zeitpunkte freizuräumen. Dabei habe ich entdeckt, daß es mir Spaß macht, jungen Leuten etwas von meinem Beruf zu vermitteln. Außerdem bin ich neugierig, ihre Gedanken über uns zu erfahren. Diese Workshops verfolgen nicht nur ein didaktisches Ziel. Es kann auch zur Realisierung einiger Entwürfe kommen, wobei die Möglichkeit einer eventuellen Produktion überprüft wird. Die Alessi befindet sich somit in einer sehr interessanten Phase der Öffnung gegenüber dem Konzept eines Metaprojekts und der Entstehung eines Ortes der Geistesforschung.

DAS CSA UND DIE JUNGEN AUTOREN

▲ Die beiden Photos zeigen Entwürfe von Stella Böß (die Raumduftbehälter *Entia* und *Challenger*) und von Christian Jurke (der elektrische Wasserkessel *Crisute II*), die während eines zusammen mit Andreas Brandini geleiteten Workshops an der Hochschule der Bildenden Künste von Saarbrücken entwickelt wurden (1994–1995).

Memory Containers — Kreolisches Projekt

● Es war mein erstes, vom CSA koordiniertes Metaprojekt und bezeugt genau den Zeitpunkt, in dem die Alessi sich den jungen Designern öffnete. Um genauer zu sein, den jungen Designerinnen, denn in der Anfangsphase wurden etwa 200 Frauen *under 30* aus der ganzen Welt eingeladen. Wir stellten uns dabei folgende Fragen: welche Anforderungen soll ein Objekt erfüllen? Wie entstehen und verändern sich Objekte beim Übergang von einem Kulturkreis zum anderen? Wie verändert sich ihre Form und die Art, wie sie gebraucht werden? Wie wird aus einem Objekt ein Kulturträger? Die Erforschung beschäftigte sich mit den Archetypen der Präsentation und Darbietung von Speisen; die Inspiration war mit der kollektiven Erinnerung eines Kulturkreises oder einer persönlichen Erfahrung verbunden. Das Ziel war die Realisierung eines "kreolischen" Projektes, einer *Clonation in vitro* dessen, was sich unter natürlichen Bedingungen ergibt, wenn verschiedene Kulturkreise aufeinander treffen.

◀ *Inneres Feuer*, ein Rechaud von Vera Purtscher in voller Aktion (1997).

▼ *Tundra* ist Kristiina Lassus poetischer Topfuntersetzer mit einem Dekor aus Rentieren (1995).

◀ Auf der vorhergehenden Seite das *Glas mit Bossen* von Anna Gili, der Obstkorb *Helmut* von Cecilia Cassina, der Tafelaufsatz *Chimu* von Joanna Lyle und der *Obstkorb* von Susan Cohn (1992–1994).

▶ Rechts die drei Dosen *Kalistò* von Clare Brass; darunter der *Brasero*, ein Rechaud, entworfen von Maria Sanchez; daneben *Tin Man*, eine Küchendose mit Holzknauf von Constantin Boym (1992–1994).

ALESSI

Memory Containers: Biologisches Projekt

◀ Die Hauptrolle spielt hier die Verbindung zwischen Stahl und Glas. Links die *Keksdose* von Pierangelo Caramia und der *Honigspender* von Theo Williams (1995). Unten die *Behälter* von Joanna Lyle, die Reibe *Parmenide* von Alejandro Ruiz (1994) und das *Oggetto dell'equilibrio*, ein Set für den Raumduft und die Harmonie der Wohnung (1996).

● Dieses Kapitel beschäftigt sich mit einem neuen Projekt: der Entdeckung des Es in seiner ursprünglichen Funktion der Wahrnehmung, die eher in Verbindung mit der Intuition steht, als mit den Ausdrucksmöglichkeiten verschiedener Kulturen durch die Sprache der Stile. Das Ziel ist es, neue Beziehungen zwischen Regeln und Entwurf zu entdecken: das vibrierende Objekt überwindet den Konflikt zwischen Mensch und Natur.

DAS CSA UND DIE JUNGEN AUTOREN

● Dieses Metaprojekt entstand 1991 unter der Zielsetzung, die affektive Seite der Objekte noch genauer, als wir das vorher je getan hatten, zu untersuchen. Uns interessierten die innersten, geheimsten und sensoriellen Wünsche der Menschen. So sind die Objekte glänzend geworden; sie erinnern an Märchen, geben augenzwinkernde Antworten zur allgemeinen Verwendung, verraten eine Verbindung zum Spiel, sind eine Brücke zum Phantastischen.

Family Follows Fiction

▲ Die Espressomaschine *Mix Italia* (1993) war eines der letzten gemeinsamen Projekte der King-Kong.

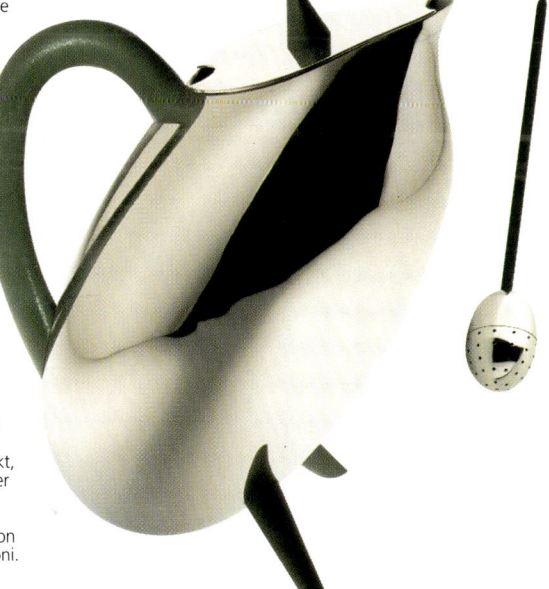

▶ *Penguin Tea* (1993) mit dem dazugehörigen *Happy Egg*, so genannt wegen seiner anspielenden Form und der Vertrautheit und Empathie, die es erweckt, ist eines der Symbole der F.F.F. Zu dieser Studie gehören auch die oben abgebildeten Objekte von Venturini und Giovannoni.

ALESSI

Bei F.F.F. haben wir uns auf Winnicotts Gedanken über die "transitionalen Objekte" bezogen, wie auch auf Franco Fornaris Theorie des "affektiven Kodex". Wir haben den kreativen Prozeß sowie die Belebung der Objekte nachvollzogen, wie sie bei Kindern und in primitiven Kulturen stattfinden.

▶ Auf diesen Seiten sind die lustigen Teufelchen-*Flaschenöffner* von Biagio Cisotti (1994) abgebildet, die lachenden Wesen von Mattia Di Rosa (*Flaschenverschlüsse, Dosen* und die Tortenplatte *Bimboveloce*), der *Photohalter* von Enrica Zanzi (1996) und oben, in einer bunten Version aus Kunstharz, die *Zuckerdose* von Christopher Dresser (1864).

▶ Ein weiteres Produkt der F.F.F. ist der *Folpo* (so heißt der Tintenfisch im venetianischen Dialekt, wie man leicht an den Tentakeln dieser kleinen Hauskrake erkennen kann), ein Mixer-Meßbecher aus Glas von Marta Sansoni. Er wird seit 1998 hergestellt.

▶ Die jüngste "Küchenausrüstung" gehört ganz klar in die Reihe der Objekte, die sich an Zeichentrickfilme anlehnen. Sie besteht aus *Platzschürzen*, *Topfhandschuhen* und *Platzsets* mit Zeichnungen von Javier Mariscal, Massimo Giacon und Sergio Cascavilla (1997).

Stefano Giovannoni

" Wer ist denn dieser Michael Graves? Das ist doch kein Designer!"

● Ein metanoischer Entwerfer im wahrsten Sinne des Wortes, entfernt an einen Teddybären erinnernd, verbirgt Stefano hinter diesem *physique du rôle*, das einem Topdesigner so gar nicht steht, eines der explosivsten Talente, das mir je begegnet ist. Er ist nicht einverstanden, von uns als "einer der jungen Designer" betrachtet zu werden, er fühlt sich dem Olymp des Designs zugehörig und möchte schon jetzt zur Gruppe meiner "Meister" gezählt werden; und er wird zweifelsohne dorthin gelangen, auch wenn er etwas mürrisch und ungeduldig ist.

◀ Die Keksdosen *Mary biscuit* und die Küchenwaage *Molly* sprechen mit ihren abgerundeten Formen eine ganz weiche Sprache: all diese süßen und diskreten Objekte schauen uns liebevoll mit dem mysteriösen Lächeln der *Mona Lisa* an, "...ein Lächeln, das mit dem Sinn für Schönheit verbunden ist, das im reifen Menschen das Herz bewegt. Wir alle verbinden es, sei es, wenn wir verliebt sind, sei es, wenn wir etwas Schönes erblicken, mit jener intensiven visiven Beziehung zum Gesicht unserer Mutter, die es uns ermöglicht, das intrauterine Glücksgefühl nachzuempfinden", (Frontoni, 1986).

ALESSI

▲ Die Untersetzer aus der Serie *Coins* haben die Form großer Münzen mit Aufschriften.

▶ Eine gründliche Untersuchung von Marco Migliari und Marco Millozza über Arten und Merkmalen der Gewürze (in Pulver, Blättern, zerbrochen oder in Körnern) hat einen botanischen Tischgarten erzeugt. Die Deckel der *Gewürzbehälter* Giovannonis verweisen auf den jeweiligen Inhalt: Muskatnuß, Nelkenblüten, Petersilie, Oregano, Lorbeerblätter, Basilikum…

STEFANO GIOVANNONI

▶ *Lilliput* (1993) heißt Giovannonis originelles Salz- und Pfeffergestell: die beiden Streuer werden von Magnetfüßen auf der Standfläche festgehalten. Der Nußknacker *Nutty the cracker* (1993) zeigt, daß Giovannoni direkt mit dem "Kodex der Affekte" arbeitet, insbesondere mit dem der Mutter und des Kindes.

ALESSI

▼ *Fruit Mama*: eine geöffnete Hand, die Obst hält, oder ein "neuartiger Apfelbaum"? Sicherlich keine anonyme Gestalt im Haus, das Giovannoni mit unzähligen Wesen jeder Art beleben möchte *(1993)*.

▶ Mit *Merdolino* ist der Cartooneffekt auf seinem Höhepunkt angelangt. Ohne zu zögern macht sich Giovannoni an ein unentbehrliches, und doch "verbotenes" Objekt: die Klosettbürste. Aus einem schlanken Gefäß ragt ein langer, anspielungsreicher Strauch *(1993)*.

Guido Venturini

● Guido ist ein überzeugter Erforscher von "Schattenzonen". Seine Objekte sind äußerst expressive Wesen: überdreht, sicher außerhalb der Norm, oft sehen sie wie Monster aus, wirken jedoch nicht bedrohlich; es scheint mir sogar so, als bitten sie um unsere Hilfe. Guido beschäftigt sich intensiv mit der Rolle des Designers in unserer Gesellschaft und ist sich der Widersprüchlichkeiten, die unsere Arbeit mit sich bringt, bewußt: ich betrachte sein Werk gern als das eines freundlichen Protestlers. Los Guido, wenn du nicht stehenbleibst, kommen wir weit!

▼ Der robuste *Antonio* stellt seine mächtigen Bodybuildermuskeln als Kleiderhaken zur Verfügung (1997).

« Es gibt Ausdrucksformen, wie z.B. Kunst, Musik und Kino, bei denen es erlaubt ist, alles Böse, Schlechte und Gewalttätige aufzuzeigen, weil sie in sich eine befreiende Wirkung erzeugen. Im Design gibt es diese Möglichkeit normalerweise nicht... »

ALESSI

◀ Der Gasanzünder heißt *Firebird*, alias "Feuervogel", doch ist sein Name nicht Strawinsky gewidmet: es handelt sich um eins der ausgeprägtesten und "mutigsten" Wesen im ganzen Alessikatalog, das einen ironischen Hinweis an den "erotischen Kodex" enthält...(1993).

GUIDO VENTURINI

◀ Die Knoblauchpresse *Nonno di Antonio* und die Isolierkanne *Fred Worm* (1997). Der anthropomorphisierende Effekt bei Guidos Entwürfen ist manchmal so stark, daß bei uns neulich eine E-mail aus Dallas, Texas, angekommen ist: ein gewisser Fred Worm meinte, daß wir ihm eine Entschädigung für die Benutzung seines Namen zahlen müßten...

◀ *Gino Zucchino* ist ein Zuckerstreuer, aber bei der Alessi ist er so populär geworden, daß er nun auch als eine Art Gartenzwerg dient (1993).

ALESSI

Neuauflagen historischer Objekte

Anonimo Pompeiano

◀ Mit Hilfe neapolitanischer Archäologen und Architekten haben wir 1997 in Inoxstahl die Platte rekonstruiert, die im Original von einer Bronzefigur aus dem 1. Jh.n.Chr. getragen wird, die einen römischen Fladenbrothändler darstellt. Sie wurde bei Ausgrabungen im Haus des Epheben in Pompeji gefunden und steht nun im Archäologischen Museum von Neapel.

● Wenn ich die Geschichte der angewandten Kunst betrachte, insbesondere die der kleinen Haushaltsobjekte, erstaunt mich immer wieder, wie wenig sich die einzelnen Modelltypologien verändert haben: Krug, Tablett oder Löffel sind Ergebnis eines virtuellen Entwurfs *in progress*, an dem seit Jahrtausenden hunderte meist anonyme Entwerfer gearbeitet haben. Fast alle Gegenstände, mit denen wir uns beschäftigen, sind sehr alten Ursprungs und stark von Ritualen sowie einer kollektiven Erinnerung und Vorstellungswelt geprägt. Dieses Kapitel faßt deshalb einige Entwürfe der Vergangenheit zusammen, bedeutende Zeugnisse kreativen Schaffens, sowohl aus historischen Epochen, als auch Prototypen der in unserem Bereich wichtigsten Autoren.

NEUAUFLAGEN HISTORISCHER OBJEKTE

Eliel Saarinen

▶ Saarinen (1873–1950) ist der Hauptvertreter der modernen finnischen Architektur und Gegenstandskultur. Er hatte ein organisches und einheitliches Verständnis von Design: mit einfachen geometrischen Formen (wie sie sich bei der industriellen Bearbeitung anbieten) trieb Saarinen den Begriff des *domestic landscape* weit voran. Sein silbernes *Teeservice mit Samowar*, neuaufgelegt von der Officina Alessi (1987), ist ein Archetyp des amerikanischen Designs.

Piero Bottoni

◀ Der *Kuchenteller mit zusammensetzbaren Elementen* (1991) wurde um 1928 entworfen und ist beispielhaft für Bottonis formalen Stil: Rationalität, die aber nicht selbstgefällig ist, gepaart mit einem reinen, klassischen Stil und absoluter Zweckmäßigkeit. Dieses Objekt, das sich aus einer Kreisfläche und einem Kegel zusammensetzt, wird zur lebendigen Form, wenn man die Elemente aufeinandersetzt.

ALESSI

Christopher Dresser

▲ Bei zahlreichen Haushaltsartikeln scheint Dresser seiner Zeit weit voraus (von der Tapete bis hin zu Möbeln, von kleinen Gegenständen aus Metall bis hin zur Keramik, vom Glas bis zu den Stoffen).

▲ Dresser (1834–1904), berühmter Botaniker und Fachmann der dekorativen Künste, war höchstwahrscheinlich der erste industrielle Designer wie wir ihn heute verstehen. Im Gegensatz zu seinen Zeitgenossen des Arts & Crafts Movement nahm er rückhaltlos alle Schwierigkeiten der industriellen Produktion in Kauf, ohne den Entwürfen jedoch ihren mutigen und visionären Handwerkscharakter zu nehmen.

NEUAUFLAGEN HISTORISCHER OBJEKTE

▶ Durch ihre funktionale Geradlinigkeit scheinen Dresslers Objekte den Stil des Bauhauses vorherzusehen.

▲ Dresser scheint mir ein gutes Beispiel zu sein, für jene gemäßigte Grenzüberschreitung, die ich vom Design erwarte. Seine Entwürfe beweisen, daß er die Produktionstechniken der Metallverarbeitung besser kannte, als jeder andere Designer, der je für Alessi gearbeitet hat. Und es ist kein Zufall, daß es sich bei einigen Gegenständen, die wir "neuauflegen", wie von selbst ergibt, sie in Inoxstahl herzustellen.

Das hat ihn nicht daran gehindert, die Technik ständig auf die Probe zu stellen, sie nicht einfach zu übernehmen, sondern auf der Suche nach immer konstruktiveren und ausdrucksstärkeren Ergebnissen zu erarbeiten, und das mit geradezu beunruhigendem Erfolg, wie bei der *Dreieckigen Teekanne* auf Füßen. Oft war seine Vorgangsweise von unerhörter intellektueller und professioneller Offenheit gekennzeichnet.

ALESSI

Staatliches Bauhaus

● 1919 in Weimar von Walter Gropius als Akademie der Kunst und der angewandten Künste gegründet, später unter der Leitung von Hannes Meyer und Mies van der Rohe, ist das Bauhaus eins der historischen Laboratorien, mit dessen *Mission* die Alessi sich identifiziert. Die auf dieser Seite abgebildeten Neuauflagen stammen von Hans Przyrembel, Marianne Brandt, Otto Rittweger und Josef Knau.

◀ Der Ruf der beteiligten Persönlichkeiten, die Anwendung des Arbeitsprinzips "Kunst und Technik: ein neuer Zusammenschluß" gerade zu einem Zeitpunkt, als die ersten Zweifel über die Reproduzierbarkeit von Kunstwerken aufkamen, die großen Schwierigkeiten, die ihm seitens konservativer Kreise und dann auch vom Nazideutschland entgegengestellt wurden, machen das Bauhaus zu einem der mythischen Väter der modernen Bewegung in Architektur und Design.

NEUAUFLAGEN HISTORISCHER OBJEKTE

▶ Die auf diesen Seiten abgebildeten Entwürfe sind in den Jahren zwischen 1924 und 1930 in der Metallwerkstatt des Bauhaus unter der Leitung von László Moholy-Nagy (auf dem Photo mit Marianne Brandt) entstanden. Auf Lizenz des Bauhausarchiv in Berlin haben wir sie als Beispiele ausgewählt, weil sie das spannende Klima, in denen sie entstanden sind, wiederspiegeln. Wir empfinden sie als ganz besonders kohärent für die heutige Technologie und für unseren Zeitgeist.

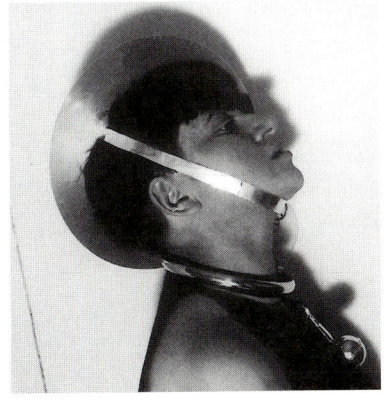

▲ Marianne Brandt, auf einem noch immer berühmten photographischen Selbstportrait. Sie ist die Autorin aller auf dieser Seite abgebildeten Werke, und "trug", wie auch Helmut Schulze, Autor des links abgebildeten *Frühstückservice*, Metallobjekte, als seien es wertvolle Schmuckstücke.

ALESSI

▶ Die 1938 entworfene Besteckgarnitur *Caccia*, wundervolles Beispiel des "Lombardischen Klassizismus", wurde von Gio Ponti gelobt, wegen ihrer meisterhaften Ausgewogenheit zwischen einer noch dem Handwerk verbundenen Vorstellung und der industriellen Zukunft der Haushaltswaren.

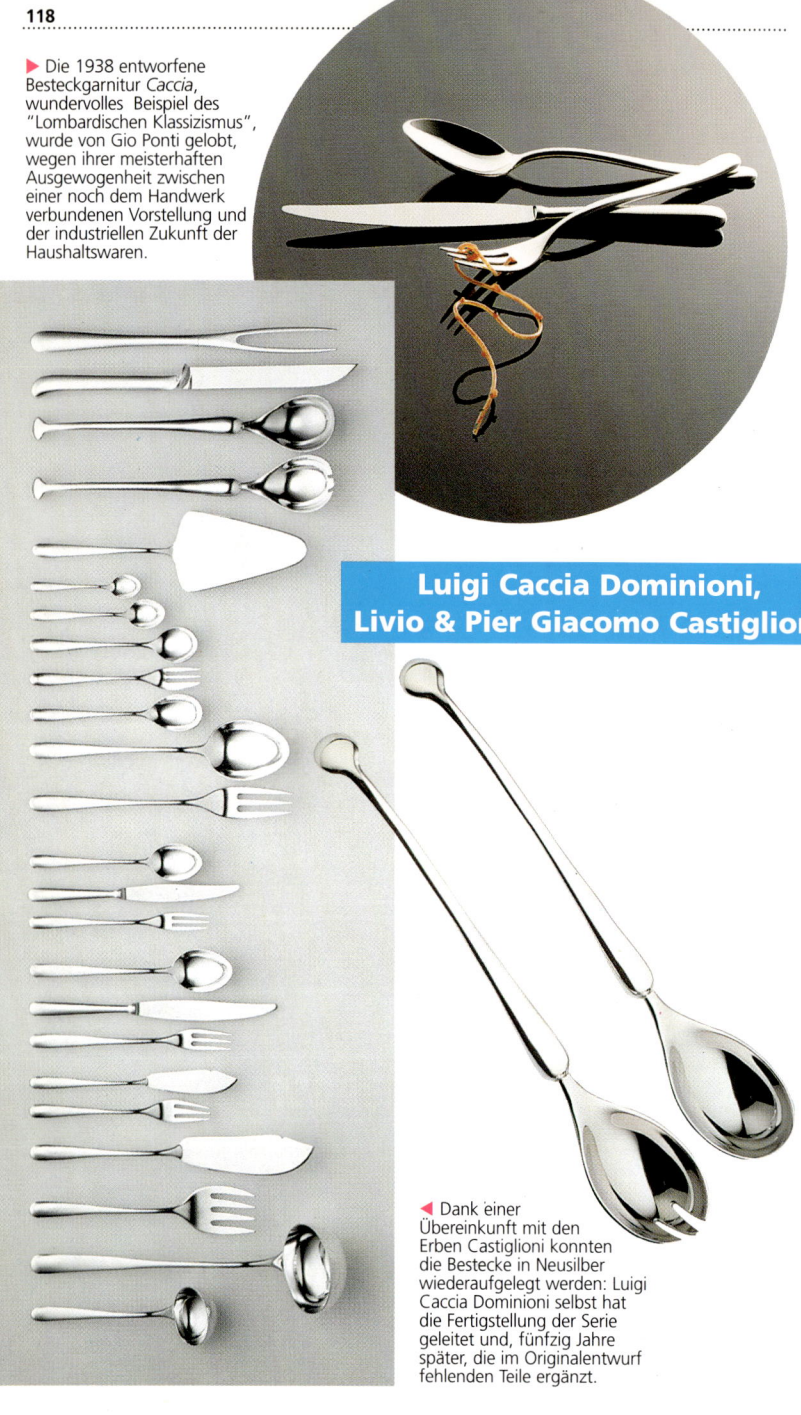

Luigi Caccia Dominioni, Livio & Pier Giacomo Castiglion

◀ Dank einer Übereinkunft mit den Erben Castiglioni konnten die Bestecke in Neusilber wiederaufgelegt werden: Luigi Caccia Dominioni selbst hat die Fertigstellung der Serie geleitet und, fünfzig Jahre später, die im Originalentwurf fehlenden Teile ergänzt.

Pio Manzù

▲ 1966 als Gadget der Fiat entwickelt, ist *Cronotime* ein hervorragendes Beispiel für das Design der sechziger Jahre, essentiell in der Form und völlig "industriell" in der Auswahl von Materialien und Farben. Die beiden Zylinderhälften sind verstellbar. Die entschiedene Stellungnahme für Funktion und Gebrauch verrät Pio Manzùs Ausbildung bei der mythischen Designhochschule von Ulm.

▼ Der 1970 entworfene Wecker *Optic* ist ein kleines aber bedeutungsvolles Beispiel von Joe Colombos Kreativität. Ein in sich selbständiges Objekt, voller Anspielungen, wird zum Mosaikstein im zukunftsweisenden Entwurf eines "integrierten Hauses".

Joe Colombo

ALESSI

Das Alessimuseum

der ganzen Welt gesammelt haben, einen repräsentativen Querschnitt zur Geschichte des Entwurfes in unserem Bereich bieten. Ziel des im Frühjahr 1998 eingeweihten Alessimuseums ist es, Objekte, Zeichnungen, Bilder und Dokumente jeder Art, die für die Geschichte der Alessi und der Haushaltswaren im allgemeinen von Bedeutung sind, zu archivieren. Diese neue Abteilung entsteht innerhalb unseres Unternehmens und soll sowohl die Aktivitäten im Zusammenhang mit den Metaprojekten und der Herstellungspolitik (mit dem Beitrag historischer Sachkenntnis) vorantreiben, als auch direkt mit den Museen, mit denen wir seit langem in Verbindung stehen, kooperieren. Es wurde von Mendini entworfen und dann der Aufsicht von Francesca Appiani unterstellt. In einer ersten Phase wird das Alessimuseum allen Forschern, Journalisten und Studenten zugänglich sein.

● Unsere Arbeit als "Fabrik des italienischen Designs" zwischen Industrie und Kunst hat immer mehr das Interesse der Museen für angewandte Kunst und Industriedesign in der ganzen Welt auf sich gezogen, und es haben sich schon mehrere Ausstellungen mit unserer Tätigkeit befaßt. Dank der kontinuierlichen experimentellen Aktivität hat sich im Lauf der Jahre ein großes und interessantes Repertoire an Prototypen angesammelt, die, zusammen mit unserer eigentlichen Produktion und mit den Gegenständen, die wir über die Jahrzehnte hinweg in

▶ Alessandro Mendini hat verschiedene Ausstellungen für die Alessi organisiert: die *100% Make Up*-Vasen in der Fortezza da Basso in Florenz. Unten: eine polymorphe Struktur für Neuerscheinungen im Ausstellungsraum von Mailand. Hans Hollein hingegen war mit der Aufstellung der Objekte aus *Tea & Coffee Piazza* betreut (oben), dabei entstand der berühmte halbe Bogen. Er hat auch die große Ausstellung "Paesaggio casalingo" betreut, bei der die Alessiproduktion von 1921 bis 1980 gezeigt wurde, und die dann 1979 zur Triennale von Mailand ging, mit weiteren Stationen in Linz und Berlin (1980).

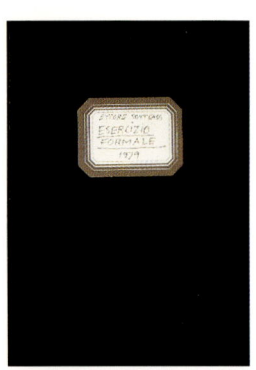

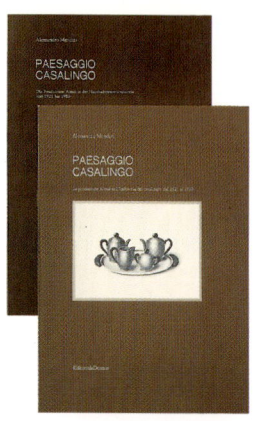

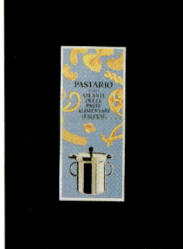
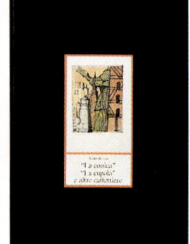

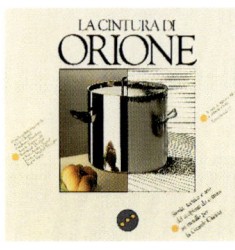

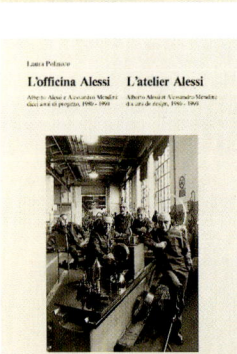
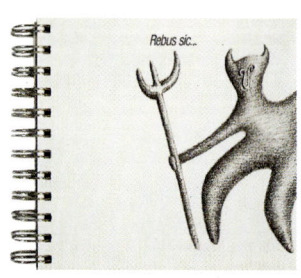

◀ Die Errichtung des Alessimuseums ist ein folgerichtiger Schritt im nunmehr zwanzig Jahre andauernden Prozeß der Ergründung von Lösungen und Themenkreisen. Viele der in diesem Zeitraum entstandenen Veröffentlichungen lassen diesen Schritt bereits erahnen, sei es nur wegen des poetischen und künstlerischen Wertes, der vielen Werken eigen ist, oder der reichhaltigen intellektuellen Diskussion, aus der sie hervorgegangen sind. Auf jeden Fall erfolgt die Eröffnung zu einem Zeitpunkt, in dem die eigentliche Funktion von Museen neu diskutiert wird. Darüber hinaus ist es eine Antwort auf ein seltsames Phänomen, das sich spontan entwickelt hat: die ganze Alessi entspricht immer mehr dem Bild/der Natur/der Identität eines Museum, ein Museum ganz neuer Art.

DAS ALESSIMUSEUM

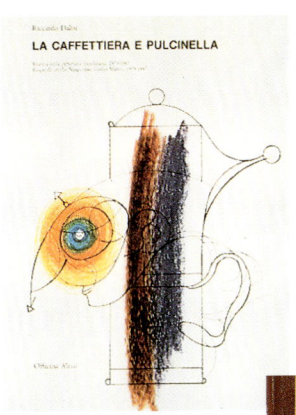

◀ Die kulturelle Aktivität der Alessi zeigt sich auch in einer mittlerweile langen Reihe von wissenschaftlichen Veröffentlichungen. Einige davon sind zu "Klassikern" geworden und haben eine Diskussion auf internationaler Ebene über die Interpretation und Entwicklungsmöglichkeiten des Designs entfacht.

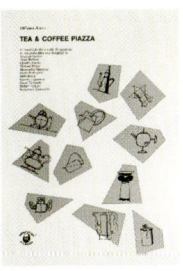

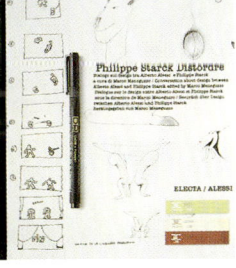

▲ Bilder der Ausstellungen in Paris, Sydney und Tel Aviv erinnern an verschiedenen monographischen Ausstellungen über die Alessi: *Paesaggio casalingo* (Mailand-Linz-Berlin 1979–1981); *Tea&Coffee Piazza* (U.S.A.-Mailand- Krefeld-Zürich-Aachen-Barcelona-Kyoto-Gent-Antwerpen 1983–1986), *La Conica e altre caffettiere* (Mailand 1983); *Tafelarchitektur* (Rotterdam-Düsseldorf 1985); *Création* (Lyon 1986); *La caffettiera e Pulcinella* (Mailand 1987); *Not in production–Next to production* (Mailand-Gent 1988–1990); *L'atelier Alessi*

(Paris-Brüssel-Skandinavien-Brasilien-Zagreb 1989–1995); *100% Make Up* (Florenz-Gent- Groningen-Roanne-Nizza 1992–1993); *Alessi 1921–1994* (Frankreich 1994); *Manger* (Vevey 1994); *For the sake of use* (Tel Aviv 1994); *F.F.F.* (Ljubljana 1995); *Starckologie* (Frankfurt-Paris 1996); *Metallarbeiten* (Berlin 1996).

Bibliographie

XI Triennale, Ausstellungskatalog (Mailand, Triennale), Mailand 1957.
Carmelo Cappello, Ausstellungskatalog, Messina 1973.
XV Triennale, Ausstellungskatalog (Mailand, Triennale), Mailand 1973.
Dušan Džamonja. *Sculture, disegni e progetti dal 1963 al 1974*, Ausstellungskatalog, Mailand 1975.
A. Pansera, *Storia e cronaca della Triennale*, Longanesi, Mailand 1978.
Design & Design, Ausstellungskatalog des XI Compasso d'oro, ADI, Mailand 1979.
A. Mendini, *Paesaggio casalingo. La produzione Alessi nell'industria dei casalinghi dal 1921 al 1980*, Domus, Mailand 1979.
E. Sottsass, *Esercizio formale*, Ausstellungskatalog, Alessi, Crusinallo 1979.
XVI Triennale, Ausstellungskatalog (Mailand, Triennale 1979–1982), Alinari, Florenz.
Centrokappa, Il design italiano negli anni '50, Domus, Mailand 1980.
Design ist unsichtbar, Ausstellungskatalog, Löcker Verlag, Wien 1980.
Diseñadores Industriales Italianos 1980, Ausstellungskatalog (Buenos Aires, Universidad de Buenos Aires, Facultad de Arquitectura y urbanismo), Buenos Aires 1980.
A. Grassi und A. Pansera, *Atlante del design italiano 1940–1980*, Fabbri, Mailand 1980.
B. Radice, *Elogio del banale*, Alchimia, Mailand 1980.
Bio 9, Bienale Industrijskega Oblikovanja, Ausstellungskatalog, Bio, Ljubljana 1981.
A. Mendini, *Architettura addio*, Shakespeare & Company, Mailand 1981.
XII Compasso d'oro, Ausstellungskatalog, Electa, Mailand 1981.
P. Arnell, T. Bickford und K. Vogel Wheeler, *Michael Graves. Buildings and Projects 1966–1981*, Rizzoli International, New York 1982.
F. Burkhardt, *Cibi e riti – Essen und Ritual*, Akte des Seminars der IDZ in Berlin, Alessi, Crusinallo 1982.
Conseguenze impreviste – Arte, moda, design, Ausstellungskatalog (Florenz), Electa, Mailand 1982, vol. III.
Gli anni trenta. Arte e cultura italiana, Ausstellungskatalog, Mazzotta, Mailand 1982.
V. Gregotti, *Il disegno nel prodotto industriale. Italia 1960-1980*, Electa, Mailand, 1982.
F. Irace, *Precursors of Post Modernism – Milan 1920–30's*, Ausstellungskatalog, The Architectural League, New York 1982.
Italian Re-Evolution, Ausstellungskatalog (La Jolla Museum of Contemporary Art), Mailand 1982.
Nuove intenzioni del design, R.D.E., Mailand 1982.
Provokationen – Design aus Italien. Ein Mythos geht neue Wege, Ausstellungskatalog (Hannover, Deutscher Werkbund), Hannover 1982.
Dal cucchiaio alla città nell'itinerario di 100 designer, Ausstellungskatalog, Electa, Mailand 1983.
Design, Ausstellungskatalog (Zürich, Kunstgewerbemuseum), Zürich 1983.
Design Experimenta Preview '83, Ausstellungskatalog, Todi 1983.

Design since 1945, Ausstellungskatalog (Philadelphia, Museum of Art), Rizzoli International, New York 1983.
Icsid design Milano, Ausstellungskatalog, R.D.E., Mailand 1983, vol. IV.
C. Mann, *Clotet – Tusquets*, Gustavo Gili, Barcelona 1983.
A. Mendini, *Progetto infelice*, R.D.E., Mailand 1983.
Officina Alessi. Tea & Coffee Piazza, Shakespeare & Company, Mailand 1983.
Bio 10, Bienale Industrijskega Oblikovanja, Ausstellungskatalog, Bio, Ljubljana 1984.
Castiglioni A. Meister des Design der Gegenwart, Ausstellungskatalog, Electa, Mailand 1984.
L'economia italiana tra le due guerre 1919–1939, Ausstellungskatalog, Ipsoa, Rom 1984.
Memphis Design, Kruithuis, s'Hertogebosch 1984.
A. Rossi, *La conica e altre caffettiere*, Alessi, Crusinallo 1984.
Tre anni di design, XIII Compasso d'oro, Ausstellungskatalog, R.D.E., Mailand 1984.
P. Arnell e T. Bickford, *Aldo Rossi. Buildings and Projects*, Rizzoli International, New York 1985.
A. Bangert, *Italienisches Möbeldesign. Klassiker von 1945 bis 1985*, Modernes Design, München 1985.
S. Bayley, *The Conran Dictionary of Design*, Conran Octopus, London 1985.
P. C. Bontempi und G. Gregori, *Alchimia*, Copi, Den Haag 1985.
Dalla tartaruga all'arcobaleno, Ausstellungskatalog, (Mailand, Triennale), Triennale-Electa, Mailand 1985.
Ettore Sottsass, Mobili e qualche arredamento. Furniture and a few Interiors, Ausstellungskatalog, Mondadori-Daverio, Mailand 1985.
H. Hollein, *Hans Hollein*, Ausstellungskatalog, A+U Publishing, Tokyo 1985.
R. Horn, *Memphis–Objects, Furniture and Patterns*, Running Press, Philadelphia 1985.
S. Kohmoto, *Contemporary Landscape. From The Horizon of Post Modern Design*, Ausstellungskatalog (Kyoto, The National Museum of Modern Art), Kyoto 1985.
Louisiana Revy, n. 3, 1985.
E. Medagliani und F. Gosetti, *Pastario ovvero atlante delle paste alimentari italiane*, Alessi, Crusinallo 1985.
K. Sato, *Alchimia, Never Ending Italian Design*, Rikuyo-sha, Tokyo 1985.
P. Scarzella, *Il bel metallo. Storia dei casalinghi nobili della Alessi*, Arcadia, Mailand 1985.
R. Stern, *The International Design Yearbook 1985–1986*, Thames and Hudson, London 1985.
Strategie d'intesa, Ausstellungskatalog, Electa, Mailand 1985.
H. Wichmann, *Die neue Sammlung. Ein neuer Museumstyp des 20. Jahrhunderts*, Ausstellungskatalog, Prestel, München 1985.
E. Ambasz, *The International Design Yearbook 1986–1987*, Thames and Hudson, London 1986.
A table, Ausstellungskatalog (Paris, Centre Georges Pompidou), Paris 1986.
Bio 11, Bienale Industrijskega Oblikovanja, Ausstellungskatalog, Bio, Ljubljana 1986.

Caravelles. L'enjeu de l'objet, Ausstellungskatalog, Grenoble-Lyon-Saint-Etienne 1986.
A. Grassi e A. Pansera, *L'Italia del design. Trent'anni di dibattito*, Marietti, Casale Monferrato 1986.
Italia Diseño 1946–1986, Ausstellungskatalog (Museo Rufino Tamayo), Mexico 1986.
R. Krause, V. Pasca e I. Vercelloni, *La mossa del cavallo. Mobili e oggetti oltre il design*, Condé Nast, Mailand 1986.
Les carnets du design. Les arts de la table, Mad-Cap, Paris 1986.
Semenzato Nuova Geri, asta di modernariato 1900–1986, Passigli, Mailand 1986.
Teyssot, il progetto domestico. La casa dell'uomo: archetipi e prototipi, Ausstellungskatalog (Mailand, XVII Triennale), Electa, Mailand 1986.
A. Alessi e A. Gozzi, *La cintura di Orione*, Longanesi, Mailand 1987.
J. Capella e Q. Larrea, *Diseño de Arquitectos en los '80*, Gustavo Gili, Barcelona, 1987.
M. Collins, *Towards Post-Modernism: Design since 1985*, British Museum Publications, London 1987.
R. Dalisi, *La caffettiera e Pulcinella. Ricerca sulla caffettiera napoletana 1979–1987*, Officina Alessi, Crusinallo, 1987.
Hans Hollein. Metaphores et metamorphes, Ausstellungskatalog (Paris, Centre Georges Pompidou), Paris 1987.
H. Klotz, *Jahrbuch für Architektur 1987–1988*, Deutches Architekturmuseum, Frankfurt a. M. 1987.
S. von Moos, *Venturi Rauch & Scott Brown*, Rizzoli International, New York 1987.
B. Munari, M. Bellin c A. Branzi, *Descendants of Leonardo da Vinci. The Italian Design*, Graphic-Sha, Tokyo 1987.
Nouvelles tendences. Les avant-gardes de la fin du XXᵉ siècle, Ausstellungskatalog (Paris, Centre Georges Pompidou), Paris 1987.
A. Rossi, *Aldo Rossi Architect*, Electa, Mailand 1987.
D. Sudjic, *The International Design Yearbook 1987–1988*, Thames and Hudson, London 1987.
The Post Modern Object, Ausstellungskatalog, Ga Pindar, London 1987.
XIV Premio Compasso d'oro, Ausstellungskatalog, Silvia, Mailand 1987.
A. Alessi, *Not In Production – Next To Production*, Ausstellungskatalog, Alessi, Crusinallo 1988.
Alessandro Mendini, Ausstellungskatalog (Groningen, Groninger Museum), Giancarlo Politi, Mailand 1988.
Bio 12, Bienale Indusrijskega Oblikovanja, Ausstellungskatalog, Bio, Ljubljana 1988.
G. Bosoni e F.G. Confalonieri, *Paesaggio del design italiano 1972–1988*, Edizioni di Comunità, Mailand 1988.
C. Colin, *Design d'aujourd'hui*, Flammarion, Paris 1988.
Id., *Starck*, Pierre Mardaga Editeur, Liège 1988.
Der Verzeichnete Prometheus, Ausstellungskatalog, Nishen Verlag, Berlin 1988.
Design in Catalogna, Ausstellungskatalog, BCD, Barcelona 1988.
Design und Wohnen, Ausstellungskatalog, Helga Treft Verlag, Frankfurt a. M. 1988.
I. Favata, *Joe Colombo, Designer 1930–1971*, Ausstellungskatalog, Idea Books, Mailand 1988.
F. Fischer, *Design Heute*, Ausstellungskatalog (Frankfurt, Deutsches Architekturmuseum), Frankfurt 1988.
C. Gambardella, *Il progetto leggero. Riccardo Dalisi: vent'anni di design*, Clean, Napoli 1988.
F. Haks, *Alessandro Mendini Sketsboek – Sketches*, Froukje Hoekstra, Amsterdam 1988.
A. Isozaki, *The International Design Yearbook 1988–1989*, Thames and Hudson, London 1988.
B. Klesse, *Hundert Jahre Museum für Angewandte Kunst der Gegenwart. Mäzenatentum*, Ausstellungskatalog, (Köln, Museum für Angewandte Kunst), Köln 1988.
La caffettiera napoletana e Pulcinella, Ausstellungskatalog (Taranto, Circolo Italsider), Editrice Scorpione, Taranto 1988.
R. Sambonet, *L'arte in tavola*, Industria Grafica Ronda, Mailand 1988.
S. San Pietro e M. Vercelloni, *Nuovi negozi a Milano*, L'Archivolto, Mailand 1988.
P. Sparke, *Italienisches Design*, Thames and Hudson, London 1988.
Richard Sapper. 40 Progetti di Design 1958–1988, Ausstellungskatalog, Arti Grafiche Mazzucchelli, Mailand 1988.
Sottsass Associates, Rizzoli International, New York, 1988.
H. Wichmann, *Italian Design 1945 bis heute*, Die Neue Sammlung, München 1988.
Alessandro Mendini, Ausstellungskatalog, Giancarlo Politi, Mailand 1989.
M. Collins e A. Papadakis, *Post-Modern Design*, Rizzoli International, New York 1989.
P. e R. Colombari, *Effetto acciaio*, Ausstellungskatalog, Arti Grafiche Giacone, Torino 1989.
Compasso d'oro. Italian Design, Ausstellungskatalog, Silvia Editore, Mailand 1989.
From Matt Black to Memphis and back again, Blueprint/Wordsearch, London 1989.
G. Lueg, *Design*, Ausstellungskatalog (Köln, Museum für Angewandte Kunst), Köln 1989.
L. Peel, P. Powell e A. Garrett, *An Introduction to 20th Century Architecture*, Quinted Publishing, London 1989.
XV Premio Compasso d'oro, Ausstellungskatalog, Silvia Editrice, Mailand 1989.
L. Polinoro, *L'Officina Alessi. Alberto Alessi e Alessandro Mendini: dieci anni di progetto, 1980-1990*, F.A.O., Crusinallo 1989.
Role of Design, V. Design for a Coming Age, JIDPO, Tokyo 1989.
Von Außen von Innen. 25 Modus Jahre, Modus Möbel, Berlin 1989.
A. Bangert e K.M. Armer, *Design der 80er Jahre*, Bangert Verlag, München 1990.
N. Bellati, *New Italian Design*, Rizzoli International, New York 1990.
M. Bellini, *The International Design Yearbook 1990–1991*, Thames and Hudson, London 1990.
Collezione per un modello di museo del disegno industriale italiano, Ausstellungskatalog, Fabbri, Mailand 1990.
European Community Design Prize 1990, Ausstellungskatalog, BCD, Barcelona 1990.
L. Gobbi, F. Morace, R. Brognara e F. Valente, *I Boom*, Lupetti & Co., Mailand 1990.
W. Halen, *Christopher Dresser*, Christies, Oxford 1990.
Juli Capella & Quim Larrea, Oscar Tusquets objects dans le parc, Ausstellungskatalog, Gustavo Gili, Barcelona 1990.
Metall für den Gaumen, Ausstellungskatalog, beim Herausgeber, Wien 1990.
Michael Graves. Buildings and Projects, 1982–1989, Princeton Architectural Press, Princeton 1990.
J. Myerson e S. Katz, *Kitchenware*, Conran Octopus, London 1990.
A. Rowland, *Bauhaus Source Book*, Quarto, London 1990.
Aldo Rossi Architecture 1981–1991, Princeton Architectural Press, Princeton 1991.
Architetture elettriche, Biticino, Mailand 1991.
A. Branzi, *Il dolce Stil Novo (della casa)*, F.A.O., Crusinallo 1991.
J. Capella e Q. Larrea, *Nuevo diseño español*, Gustavo Gili, Barcelona 1991.
Christopher Dresser, F.A.O., Crusinallo 1991.
O. Boissiere, *Starck*, Taschen Verlag, Köln 1991.
S. Casciani e G. Di Pietrantonio, *Design in Italia 1950–1990*, Giancarlo Politi, Mailand 1991.
R. Dalisi, *L'oggetto eroticomiko*, F.A.O., Crusinallo 1991.

BIBLIOGRAPHIE

2e Quadriennale Internationale de Design, Ausstellungskatalog, Caravelles 2, Lyon 1991.
P. Dormer, *The Illustrated Dictionary of Twentieth Century Designers*, Quarto Publishing, London 1991.
Formes des metropoles – Nouveaux designs en Europe, Ausstellungskatalog (Paris, Centre Georges Pompidou), Paris 1991.
New and Notable Product Design, Rockport Publishers, Rockport 1991.
P. Polato, *Il modello nel design*, Hoepli, Mailand 1991.
L. Polinoro, *Rebus sic...*, F.A.O., Crusinallo 1991.
Primavera del disseny. Barcelona 1991 Spring Design, Ausstellungskatalog (Barcelona, Ajuntament de Barcelona), Barcelona 1991.
Carl Larsson, Bokforlaget Bra Bocker, Göteborg 1992.
Casa Barcelona, Ausstellungskatalog, IMPI, Barcelona 1992.
A. Ferlenga, *Aldo Rossi Architetture 1988-1992*, Electa, Mailand 1992.
A. Mendini, *La fabbrica estetica*, F.A.O., Crusinallo 1992.
Nuovo bel design, Ausstellungskatalog, Electa, Mailand 1992.
Objects and Images, U.I.A.H., Helsinki 1992.
Starck in Wien, Ausstellungskatalog, Die Kommode, Wien 1992.
M.C. Tommasini e M. Pancera, *Il design italiano*, Mondadori, Mailand 1992.
U. Brandes, *Richard Sapper*, Steidi, Göttingen 1993.
Brigitte Fitoussi, *Objects Affectifs*, Hazan, Paris 1993.
Cristina Morozzi, Massimo Morozzi, *L'Archivolto*, Mailand 1993.
Design und Wohnen 2, Ausstellungskatalog, Helga Treft Verlag, Frankfurt a M. 1993.
P. Dormer, *Design since 1945*, Thames and Hudson, London 1993.
H. Höger, *Ettore Sottsass Jun.*, Ernst Wasmuth, Berlin 1993.
Il design degli oggetti, Ausstellungskatalog, (Gallarate, Civica Galleria d'Arte Moderna), Gallarate 1993.
La fabbrica estetica, Ausstellungskatalog, ICE, Mailand 1993.
Modern Ad Art Museum, Stern, Hamburg 1993.
Museum für Angewandte Kunst. Ein Wegweiser von A bis Z, Köln 1993.
L. Polinoro, *Family Follows Fiction*, F.A.O., Crusinallo 1993.
S. Prinz, *Besteck des 20. Jahrhunderts*, Klinkhardt & Biermann, München 1993.
Sipek Borek, *The International Design Yearbook*, Rick Poynor, London 1993.
Richard Sapper Design, Ausstellungskatalog, (Köln, Museum für Angewandte Kunst), Köln 1993.
M. Turinetto, *Dizionario del design*, Lupetti & C., Mailand 1993.
Alessi. The Design Factory, Academy Group, London 1994.
Arts et formes ou 40 variations pour une histoire d'eau, Ausstellungskatalog (Paris, Musée du Louvre), Paris 1994.
Atelier Mendini. Una utopia visiva, Fabbri, Mailand 1994.
A. Buch e M. Vogt (hrsg.), *Janet Abrams, Laura Cerwinske, Michael Collins, Rainer Krause, Aldo Rossi, Michael Graves. Designer Monographs 3*, Vogt, Ernst & Son, Berlin 1994.
M. Byars, *The Design Encyclopedia*, Laurence King, London 1994.
F. Burkhardt, *Marco Zanuso*, Federico Motta, Mailand 1994.
T. Heidert, M. Stegmann, e R. Zey, *Lexikon Intenationales Design*, Rowohlt, Hamburg 1994.
Le fabbriche del design italiano. Une dynastie d'objects Alessi, Ausstellungskatalog, Istituto Italiano Di Cultura, Paris 1994.
R. Poletti, *La cucina elettrica*, Electa/Alessi, Mailand 1994.
Raymond Guidot, *histoire du design 1940*, Hazan, Paris 1994.
The International Design Yearbook 1994, Laurence King, London 1994.
Totocchio, Ausstellungskatalog, F&T Boo, Vicenza 1994.
O. Tusquets Blanca, *Mas que discutible*, Tusquets Editores, Barcelona 1994.
A La Castiglione, Ausstellungskatalog, Istituto Italiano di Cultura, Barcelona 1995.
Das International Design Jahrbuch 1994-1995, Bangert Verlag, München 1995.
Opere postume progettate in vita. Metallwerkstatt Bauhaus anni '20 – anni '90, Electa/Alessi, Mailand 1995.
Oscar Tusquets Enric Miralles, Ausstellungskatalog, Tusquets Editores, Barcelona 1995.
A. Pansera, *Dizionario del design italiano*, Cantini, Mailand 1995.
Pour un couteau. design et couverts 1970–1990, Ausstellungskatalog, Thiers 1995.
XVII Premio Compasso d'oro, Ausstellungskatalog, Silvia Editrice, Mailand 1995.
The Hannover Yearbook of Industrial Design, Ausstellungskatalog (Hannover, Industrial Forum Design), Hannover 1995.
The International Design Yearbook 1995, Laurence King Publishing, London 1995.
Thomas Haufe. *Design*, Dumont, Köln 1995.
Torino design. Dall'automobile al cucchiaino, Ausstellungskatalog, Umberto Allemandi, Turin 1995.
A. Branzi, *Il design italiano 1964–1990*, Ausstellungskatalog, Electa, Mailand 1996.
S. Casciani, *The Art Factory*, Ausstellungskatalog, Editrice Abitare Segesta, Mailand 1996.
Design im Wandel, Bangert Verlag, Bremen 1996.
Fulvio Ferrari, *Ettore Sottsass, tutta la ceramica*, Umberto Allemandi, Torino 1996.
L'oggetto dell'equilibrio, Electa/Alessi, Mailand 1996.
M. Meneguzzo, *Philippe Starck distordre*, Electa/Alessi, Mailand 1996.
The International Design Yearbook 1996, Laurence King, London 1996.
Werkzeuge. Design des Elementaren, Landesgalerie, Austria 1996.

Anwesenheit in Museen und öffentlichen Sammlungen

The Museum of Modern Art, New York; Louisiana Museum of Modern Art, Humlebaek; Museu de Arte, San Paolo; Die Neue Sammlung, Staatliches Museum für Angewandte Kunst, München; Kunstgewerbemuseum der Stadt Zürich, Zürich; Philadelphia Museum of Art, Philadelphia; Israel Museum, Jerusalem; The Metropolitan Museum of Art, New York; Museum Boymans-van Beuningen, Rotterdam; Kunstgewerbemuseum SMPK, Berlin; Kunstmuseum Düsseldorf, Düsseldorf; The Minneapolis Institute of Arts, Minneapolis; National Gallery of Victoria, Melbourne; Yale University Art Gallery, New Haven; The National Museum of Modern Art, Kyoto; Bauhaus-Archiv, Museum für Gestaltung, Berlin; Bio Design Collection, Ljubljana; Kunstgewerbemuseum, Köln; Ostfriesisches Tee-Museum, Norden; Victoria and Albert Museum, London; Australian National Gallery, Canberra; Museum voor Sierkunst, Gent; Stedelijk Museum, Amsterdam; Groninger Museum, Groningen; Museum Folkwang, Essen; Museum für Angewandte Kunst, Köln; Deutsches Klingenmuseum, Solingen; The Brooklyn Museum, New York; Musées des Arts Décoratifs, Paris; Museum of Applied Arts, Helsinki; The Denver Art Museum, Denver; Museo de Artes Decorativas, Barcelona; Henie Instad Art Center Kunstsenterhovikodden, Norwegen.

ALESSI

Photonachweis

Archiv Alessi, Archiv Atelier Mendini, Archiv Andrea Branzi, Archiv Riccardo Dalisi, Archiv Eurostand, Archiv Florence Gift Mart, Archiv Stefano Giovannoni, Archiv Michael Graves, Archiv Sottsass Associati, Archiv Guido Venturini, Arici e Bernardi, Aldo e Marirosa Ballo, Maria Vittoria Backaus, Bauhaus-Archiv, Raffaello Benedetti Bra, Giovanni Berengo Gardin, Bergamo e Basso, Riccardo Bianchi, Luigi Brenna, Santi Caleca, Franco Capra, Attilio Del Comune, Fotorama, Enzo Franza, Giacomo Giannini, Pino Guidolotti, J. King, Stefan Kirchner, Mattew Klein, Lucio Lazzara, Salvatore Licitra, Mauro Masera, Jean Baptiste Mondino, Occhiomagico, Carlo Paggiarino, Sergio Pancaldi, Giuseppe Pino, Franco Sargiani, Renato Sartori, Oliver Schuh e Barbara Burg, Luciano Soave, Studio Azzurro, Top Studio di Zappalà, Leo Torri, Oliviero Toscani, Emilio Tremolada, Franco Uberti, Tom Vack, Walter Zerla. Photos von Libero Gozzini und Wilma Incerti, Studio Softroom, Suresh Sethi, Tiger Tateishi.

Sollten Bilder in diesem Buch aufgenommen sein, deren Quellen hier nicht nachgewiesen sind, bitten wir die Besitzer dieser Rechte, sich mit dem Verlag in Verbindung zu setzen.